中职语文教学的多维度探索

刘春雨　罗湛英　郝慧娜◎著

黄河出版传媒集团
宁夏人民出版社

图书在版编目（CIP）数据

中职语文教学的多维度探索/刘春雨，罗湛英，郝慧娜著，-- 银川：宁夏人民出版社，2024.11.

ISBN 978-7-227-08097-8

Ⅰ. C633.302

中国国家版本馆CIP数据核字第20255D9D35号

中职语文教学的多维度探索

ZHONGZHI YUWEN JIAOXUE DE DUOWEIDU TANSUO

刘春雨　罗湛英　郝慧娜　著

责任编辑　贺飞雁
责任校对　刘建昌
封面设计　白白古拉其
责任印制　侯　俊

黄河出版传媒集团
宁夏人民出版社　出版发行

出 版 人　薛文斌
地　　址　宁夏银川市北京东路139号出版大厦（750001）
网　　址　http://www.yrpubm.com
网上书店　http://www.hh-book.com
电子信箱　nxrmcbs@126.com
邮购电话　0951-5052106
经　　销　全国新华书店
印刷装订　宁夏银报智能印刷科技有限公司
印刷委托书号　（宁）0031866

开本　710 mm×1000 mm　1/16
印张　13.5
字数　200千字
版次　2024年11月第1版
印次　2024年11月第1次印刷
书号　ISBN 978-7-227-08097-8
定价　58.00元

前　言

在国家经济快速发展和社会不断进步的背景下，教育日益成为国家竞争力的核心要素。职业教育的深化改革，作为推动经济转型和实现高质量发展的重要举措，已经进入关键阶段。中职教育，作为职业教育的重要组成部分，承担着培养高技能人才的重任。而中职语文教育不仅仅是学生语言能力培养的基础，更是其综合素质提升和未来职业发展的关键环节。在这一历史机遇下，中职语文教育的创新与改革，既是时代发展的必然选择，又是教育现代化的重要任务。

2024 年国家相继出台了多项政策，为职业教育的现代化和高质量发展提供了重要指引。教育部发布的《“十四五”教育数字化发展规划》提出要加快教育数字化转型，全面提升教育质量与公平。这为中职语文教学的数字化创新提供了重要方向。通过智慧教育平台、人工智能等技术的引入，教学内容不再局限于课堂传授，教学形式更加灵活多样，学生的个性化学习需求也能得到更好的满足。

同时《国家职业教育改革实施方案（2024 年）》强调，职业教育要进一步与产业需求接轨，推动产教融合和校企合作。这一政策明确了中职语文教育的发展路径：不仅要培养学生的语言能力，还要与职业技能深度结合，使学生能够在真实工作环境中熟练运用语言，提升职业适应力和竞争力。教育部随后发布的《职业教育质量提升行动计划（2024—2028 年）》进一步细化了这一目标，提出要注重学生的综合能力培养，包括创新能力、实践能力和沟通能力，为中职语文教学的改革提供了明确的指导方针。

传统的中职语文教学中，过于理论化的内容与单一的讲授方式使得学生的语言能力提升局限于基础知识层面，缺乏与实际工作需求的有机结合。针对这一问题，政策的支持为中职语文教学带来了全新的机遇。通过项目式学习、情境教学等创新模式，将学生置于模拟的职业场景中，不仅可以提升其语言表达能力，还能帮助学生在复杂的职业环境中锻炼沟通与合作能力，从而实现语言能力与职业技能的深度融合。

《新时代教育信息化发展规划》的出台，则为中职语文教学的数字化改革注入了强劲动力。该政策提出要构建智慧教育体系，推动教学服务的精准化和个性化。这意味着中职语文教学可以充分利用大数据技术，对学生的学习进度、语言能力和职业需求进行精准评估，从而实现更有效的因材施教。在数字化背景下，教师可以通过多媒体资源和智能教学平台，开展互动性更强、效果更佳的教学活动，进一步提升课堂效率。

在国家政策的大力支持和行业需求的驱动下，中职语文教育的改革和发展正迎来前所未有的机遇。教育者需要进一步深化对中职语文教育使命的认识，明确其在职业教育体系中的关键作用。语文教学不仅仅是语言能力的培养，更是学生综合素质与职业素养塑造的重要载体。通过优化课程设计、创新教学方法、完善评估机制，中职语文教育将能够更好地适应现代社会和行业需求。

未来中职语文教育将在国家政策的引导下不断改革创新，助力职业教育体系的完善。通过政策的有力支持和教师的共同努力，中职语文教育不仅将为社会培养更多高素质技能型人才，还将在推动教育公平、促进社会发展的进程中发挥更大的作用，为新时代的教育事业增添新的活力。

目　录

第一章　中职语文教学的现状与挑战 …………………………… 1

第一节　中职语文教学的历史背景 …………………………… 1

第二节　目前教学现状分析 ………………………………… 10

第三节　面临的主要挑战 …………………………………… 18

第四节　教学评价机制 ……………………………………… 27

第二章　教学理念与方法的创新 ……………………………… 35

第一节　课程整合的理念 …………………………………… 35

第二节　项目式学习的实施 ………………………………… 43

第三节　情境教学的应用 …………………………………… 51

第四节　现代信息技术的融入 ……………………………… 59

第三章　教师专业发展的路径 ………………………………… 68

第一节　教师角色与素养要求 ……………………………… 68

第二节　教师培训与发展机制 ……………………………… 76

第三节　教师教学能力提升 ………………………………… 84

第四节　教师心理健康与支持 ……………………………… 92

第四章　学生学习动机与参与 ……………………………… 101

第一节　学习动机的影响因素 ……………………………… 101

第二节　学生参与度的提升 ………………………………… 110

第三节　学生自我管理能力 ………………………………… 118

第四节　评价学生的学习成效 …… 127

第五章　教学资源的开发与利用 …… 136

第一节　教材与教具的选用 …… 136
第二节　校企合作的模式 …… 144
第三节　社会资源的引入 …… 153
第四节　网络资源的有效利用 …… 160

第六章　评估与反馈机制的优化 …… 169

第一节　评估标准的构建 …… 169
第二节　教学反馈的重要性 …… 177
第三节　教学改进的实践 …… 185
第四节　成效评估与展示 …… 194

结　语 …… 203

参考文献 …… 205

第一章　中职语文教学的现状与挑战

第一节　中职语文教学的历史背景

一、职业教育的发展历程

职业教育作为培养高技能劳动者的关键路径，历经多次历史演变，逐步发展为系统化、专业化的教育形式。起初以古代工匠的学徒制度为基础，职业教育通过师徒传承满足了早期手工业社会对技术人才的需求。随着工业化进程的加快和社会经济的快速发展，职业教育从单一的技能培训转向更全面的学术与实践结合模式，以适应不断变化的产业结构和市场需求。在现代职业教育体系中，其功能和作用更加突出，不仅涵盖了传统技能领域，还扩展至服务、管理等多方面，为社会经济发展输送多层次、高素质的技术人才。随着新兴产业的兴起，职业教育不断更新内容和模式，与时代需求保持同步，为推动产业创新和经济转型提供有力支撑。

（一）职业教育的起源与发展趋势

职业教育的起源早期与传统的手工业和工匠培训紧密相连。社会对技术型人才的需求促使了学徒制度的出现，在这种体制下，技艺通过师徒传承。随着社会分工的细化，单一的学徒制逐渐无法满足快速发展的社会需求，职业教育逐步演变为更为系统化的形式，培养对象也从少数工匠转向广大劳动者。

进入近现代后，随着工业化的推进和劳动市场的多样化，职业教育逐步向高技能工人培养转变。在欧美等国家，职业教育开始与普通教育并列发展，形成了专门的教育体系与制度。这一转型促使职业教育逐渐从单纯的技能培训扩展至多领域的人才培养，并且开始融入学术研究和实践经验的结合，形成了更加完善的教育模式。

现代职业教育的发展趋势体现出多元化与全球化的特点。随着信息技术和全球经济一体化的推动，职业教育逐渐与科技进步和产业需求接轨。教育内容不断更新，特别是在新兴行业的背景下，培养模式也从传统的工艺操作逐步向综合能力和创新能力的培养转型。各国职业教育体系不断与产业发展深度融合，注重实践与理论相结合，进一步增强了其在全球化背景下的适应性与前瞻性。

（二）职业教育体系的形成与演变

职业教育体系的初步形成，源自各国对技术工人的教育需求。在工业化初期，许多国家采取了以工厂为依托的培训模式，逐步建设起专门的技术学校。随着教育体制的完善，职业教育逐渐脱离了纯粹的实习型课程，开始注重理论和技能的结合，形成了相对完整的课程体系和教学模式。

随着经济发展和产业结构的变化，职业教育体系不断适应社会的需求和变化。20世纪中期，许多发达国家建立了由初级技术教育到高等职业教育的多层次体系，职业教育的内容逐步向服务、管理等领域拓展。针对不同行业的特点，职业教育课程内容也进行了精细化分工，培养模式日益多元化，促进了技能与学术的双重提升。

进入21世纪后，职业教育体系的改革逐步从单一化的培养模式向更加灵活多样的方向发展。全球化和信息技术革命的推动，使得传统的职业教育体系逐渐无法满足快速变化的市场需求。现代职业教育强调与产业链的紧密结合，逐渐发展为产教融合的新模式，注重对学生多元化素养的培养。这一演变使职业教育不仅成为技术培训的载体，更逐步成为推动经济社会发展的重要力量。

（三）中职教育的重要性与地位

中职教育作为职业教育的重要组成部分，在培养技术技能人才和推动社会经济发展中扮演着不可替代的角色。随着社会对高素质劳动力的需求日益增加，中职教育不仅负责技术工人的培养，还承担着社会发展过程中多种能力的塑造任务。通过提供专业技术的学习机会，中职教育有效提升了劳动力市场的整体素质，推动了社会的进步与繁荣。

随着中国经济的快速发展，国家对中职教育的重视不断加强。中职教育不仅承担着职业技能的培养任务，还需要帮助学生树立良好的职业道德和社会责任感。对比传统教育模式，中职教育更加注重实用技能与行业需求的对接，培养的学生往往具有较强的就业竞争力，直接促进了人才市场的优化和升级。

在国家教育体系中，中职教育的地位逐渐被重新定义，并赋予了更高的关注度。中职教育不但为经济发展提供了大量技术型人才，而且它的教育理念和教学模式也不断创新和发展。随着产业结构的调整和新兴产业的发展，中职教育的核心地位将更加突出，为国家的可持续发展贡献更多的力量。（见表 1-1）

表 1-1　中职教育对社会与经济发展的多维贡献

维度	具体贡献
技术技能培养	为行业提供技术型人才，提升劳动力市场整体素质
社会责任感塑造	通过教育引导，帮助学生形成职业道德与社会责任感
就业竞争力提升	对接行业需求，培养具有实用技能的毕业生，增强其就业竞争力
教育体系地位提升	成为国家教育体系的重要组成部分，地位不断提升
可持续发展贡献	随着产业调整与新兴行业发展，发挥推动国家经济发展的核心作用

二、中职语文课程的演变

中职语文课程的演变是一个不断调整与完善的过程，从早期单纯的基础知识传授逐步转向注重综合能力的培养。最初的课程内容主要集中于语言基本技能的掌握，随着社会和职业发展的多元需求，课程逐渐融入了实际应用能力和综合素养的提升目标。现代中职语文教学强调语言能力与职业技能的结合，通过优化课程内容和明确教学目标，帮助学生掌握更实用的语言技巧。课程标准也随教育理念和产业需求的变化不断更新，使语文教育更贴近职业发展的实际要求。通过这些变化，中职语文课程不仅提升了学生的语言表达和沟通能力，还在全面素质教育中占据重要地位，为培养高素质技能型人才奠定了坚实基础。

（一）课程内容的历史变化

中职语文课程内容的变化反映了社会对职业教育的不同需求。在早期课程内容较为简单，主要集中在语言基础知识和基本的语文技能上。随着时代的发展，课程内容逐渐丰富，逐步加入了与社会发展相关的语言运用知识，强调语文能力与实际工作技能的结合。课程内容的更新，不仅提升了学生的语言水平，还帮助其更好地适应职业生涯中的各种语言需求。

进入21世纪后，随着职业教育改革的深入，中职语文课程的内容进一步拓展，强调了语文教育的多功能性。除了传统的阅读和写作技能外，语文课程开始重视学生的综合素质培养，加入了更多跨学科的元素，如职业相关的写作技巧、语言沟通能力等。这种课程内容的多样化，使得中职语文教育不局限于传统的语言学习，更贴近学生未来就业所需的实际能力。

中职语文课程内容的变化不仅体现在学科知识的扩展上，还体现在教学方法的创新上。随着信息技术的引入，教学内容逐渐融入了现代科技元素，通过数字媒体、网络平台等手段加强语言学习的互动性与趣味性。这些变化使得课程内容更加符合学生的学习需求，也更有效地提升了教学的实用性和针对性。

（二）教学目标的逐步深化

随着职业教育对技术和综合素质的双重要求逐步提升，中职语文的教学目标不断深化。从最初的语言知识传授转向培养学生的语言应用能力、沟通能力与职业素养。教学目标逐步从基础语言技能培养，扩展至语言与职业技能的结合。随着社会对综合型人才的需求增加，语文教学目标的深化有助于学生在实际工作中灵活运用语言能力，提升职场竞争力。

教学目标的深化体现了语文教育从单纯知识传授向多元化技能培养的转变。早期的教学目标侧重于学生对语文知识的掌握，而在现代职教中，语文课程的目标更注重学生语言能力的实际运用。学生不仅需要掌握语言基础，还要具备通过语言表达思想、解决问题和进行有效沟通的能力。这种目标的调整，推动了语文课程内容和教学方法的同步更新。

随着时代的发展，中职语文教学目标逐步形成了与行业需求紧密对接的体系。教学目标开始重视培养学生的职业能力和文化素养，尤其是在特定行业背景下，语文课程的目标指向了专业素养和跨领域的沟通能力。这一转变，确保了学生能够在多样化的工作场景中，运用所学语文知识解决实际问题，为日后的职业

生涯打下坚实的基础。（见表 1-2）

表 1-2　中职语文教学目标深化的层次与具体表现

深化层次	具体表现
基础语言技能	掌握基本的语法、词汇和句式，能够完成基础书面和口头表达
语言与职业技能结合	应用语言解决实际问题，如报告撰写、客户沟通，提升职场适应性
行业紧密对接	强化跨领域沟通能力，培养职业素养，满足特定行业场景需求

（三）课程标准的制定与调整

随着中职教育的持续发展和社会需求的不断变化，语文课程标准的制定和调整变得尤为重要。早期的课程标准偏重于语文知识的基础性要求，重点在于语文技能的训练和掌握。随着教育理念的更新，课程标准逐渐加入了更多层面的要求，强调语言学习与职业发展、社会需求的紧密结合，使得中职语文教学更加符合现代职教的发展需求。

中职语文课程标准的调整体现了教育部门对教学质量的高度关注。从注重知识的传授转向更加全面的素质教育，课程标准逐步提升了对学生创新能力、实践能力和综合语言能力的要求。标准的逐步调整，体现了中职语文教育为适应社会发展的需求，逐渐走向更加灵活和多元的方向。

中职语文课程标准的调整更加注重教学内容与行业需求之间的衔接，推动语文教育更加贴合行业实际。这种调整不仅强化了职业教育对实际工作技能的培养，同时还推动了语文教育体系的多元化和灵活性。随着课程标准的不断完善，中职语文教育将在更广泛的领域内发挥更重要的作用。

三、国家政策对教学的影响

国家政策在中职语文教育的发展中具有深远而广泛的影响，通过政策制定与实施，持续推动职业教育的改革与创新。教育政策不仅明确了教学内容和目标的方向，还为教学方法的改进与教师队伍建设提供了有力支持。随着国家对职业教育重视程度的提高，政策在优化资源配置、提升教学质量和促进课程改革方面发挥了重要作用。政策的调整注重与社会需求和产业发展相结合，使中职语文教学更加贴近职业技能培养的实际要求。通过加强政策引导和支持，教师能够更灵活地设计课程，学生也获得更高质量的教育机会，这为中职语文教学的健康发展和职业教育整体水平的提升提供了强有力的保障。

（一）教育政策的制定与实施

教育政策的制定直接影响了中职语文教育的方向与发展。初期的教育政策多侧重于职业教育的基础建设，强调技能人才的培养。随着社会对综合素质型人才的需求不断上升，政策的重点逐渐转向了对学生全面素质的培养，尤其是在语言能力与职业技能的结合上。教育政策的转变，推动了职业教育内容的多元化与丰富化，使得中职语文教学的内涵进一步拓展。

政策的实施往往与地方政府和教育部门的具体措施相结合，确保政策得以有效执行。各地根据国家的教育政策，逐步制订符合本地区实际的中职语文教学方案。这些政策实施过程中，不仅关注学生的语言能力培养，还注重提高教师的专业水平，推动了教师培训机制的建立与完善。政策的有效落实，确保了教育资源的合理配置与使用，提高了教育质量和教学水平。

在实施过程中，教育政策的反馈机制不断优化，为政策的进一步调整提供了依据。中职语文教学的改革与创新，伴随着政策的逐步深化与完善。教育部门依据反馈信息对现有政策进行调整，不断提升政策的适应性和灵活性。这种动态调整机制，有助于教育政策和教学实践的深度融合，推动了中职语文教育在不断变化的社会需求中的健康发展。

（二）政策对课程内容的指导作用

国家政策对课程内容的指导作用表现在对教学内容的精准规划与引导。教育政策为中职语文课程的更新提供了明确的方向，从最初的语言基础知识传授，到后来的综合能力培养，政策逐渐为课程内容的调整设定了框架。特别是在国家对职业教育重视度提升的背景下，政策开始推动语文课程内容的多样化，使其不仅仅局限于文学知识的学习，还融入了与职业技能相关的语言应用训练。

随着政策的变化，课程内容逐步向学生实际应用能力的提升转变。国家对教育质量的要求越来越高，政策要求课程内容更加贴近社会需求，强化语文知识的实际操作性。这种变化促使中职语文课程逐步融入行业背景，强调语言学习的职场应用，确保课程内容能够帮助学生更好地适应未来工作中对语言能力的需求。

教育政策对课程内容的指导作用不仅体现在内容的选择上，还影响了教学方法的创新。为了响应政策的号召，教师在课程内容设计上更加注重语言的实际应用，提升学生的语言运用能力。通过对课程内容的不断优化与调整，政策不断推动中职语文教育的教学目标与社会需求之间的深度契合，使得课程内容始终保持与时代同步的更新与发展。

（三）政策对教学改革的推动力

国家政策在推动中职语文教学改革中发挥着关键作用。随着政策对职业教育重视程度的提高，教育体制逐渐向现代化、职业化方向发展。政策的支持为中职语文教学改革提供了政策保障，推动了教学理念的创新与教学方法的变革。通过政策的引导，教学改革不断向着更加贴合社会需求和学生发展需求的方向迈进，促使教育内容、方法与目标逐步优化。

政策对教学改革的推动不仅体现在课程内容和教学方法的创新上，还体现在教学资源的优化配置上。国家政策引导了教育资源的合理分配，使得中职语文教育在设施、教材和教学工具等方面得到了提升。通过政策的支持，教学资源的整合与共享成为可能，提升了教学质量和效果，使得中职语文教育更加高效与精准。

政策对教学改革的推动力体现在其长期引导作用的持续性。随着政策的不断完善，教育部门和学校逐步形成了良性的改革机制。政策通过鼓励创新与探索，不断优化教育教学体系，为中职语文教育的深度改革提供了保障。随着社会发展对高素质技术技能人才需求的增加，政策的推动将持续对中职语文教育的创新与提升产生积极影响。

四、行业需求的变化

随着经济和社会的快速发展，行业对人才的需求呈现出多样化和高水平的趋势，直接推动了中职语文课程内容和教学方式的变革。技术进步与产业结构调整使职业岗位对语言能力的要求更加具体和专业，语言应用从基础交流拓展到专业表达和跨文化沟通。中职语文教学因此需要更紧密地贴合行业实际需求，将语言能力的培养与职业技能深度融合。课程内容逐步向实用性和综合性转变，加入了与行业背景相关的写作技巧、专业术语和沟通能力训练。教学方式也从传统讲授转向互动式、实践性更强的教学方法，促进学生在多样化的职业场景中灵活运用语言。这种变化不仅提高了学生的就业竞争力，还推动了职业教育的整体创新与发展。

（一）职业岗位对语言能力的要求

随着社会的发展，职业岗位对语言能力的要求逐渐趋于多元化。传统的语言能力培训仅注重基础知识的掌握，而现代职业岗位则要求求职者具备更高层次的语言表达与沟通能力。在许多行业中，语言能力已经成为评估个人综合素质的重要标准，尤其是在需要大量客户沟通与团队合作的岗位中，语言能力更是成为工作中的核心竞争力。

随着全球化与信息化的进程加快，跨文化沟通能力成为许多岗位对语言能力的新需求。在跨国企业和外贸行业中，流利的外语能力和对语言细节的掌控成为提升工作效率和拓展市场的重要因素。随着行业对语言能力的要求越来越高，职业岗位的竞争也更加激烈，学生的语言应用能力亟待提升，这对中职语文教育提出了新的挑战与要求。

行业对语言能力的要求促使中职语文课程的内容不断更新与完善。传统的语文课程虽然涵盖了基础的语言知识，但在现代社会中，课程内容的单一性已经无法满足多样化的职业需求。教育部门和学校必须重新审视课程设计，注重语言能力与实际职业需求的结合，使学生不仅能掌握语文基础，还能够灵活运用语言解决实际问题，从而提高其就业竞争力。

（二）行业发展对课程内容的反馈

随着行业的发展，职业教育的课程内容需要紧密结合行业的最新需求。新兴行业不断涌现，传统行业也在进行深度变革，这些变化对中职语文课程内容的调整提出了迫切需求。课程内容不仅要符合学科知识的传授，还要满足行业实际需求，培养学生能够应对行业挑战的语言能力。教育课程的实时调整和更新，能够有效提升教学内容的实用性与前瞻性，确保学生具备面对复杂工作环境的能力。

行业发展对课程内容的反馈主要表现在对实用技能的要求上。现代社会对专业人才的需求，已不仅仅停留在学科知识的掌握，更注重个人的综合能力。语文课程中的写作技巧、报告撰写、语言沟通等方面的内容，逐步向实践能力的培养倾斜。尤其在与技术、管理等领域相关的职业中，语言能力在日常工作中的实际运用显得尤为重要。课程内容的不断调整，帮助学生在职业生涯中应对不断变化的工作要求。

面对行业反馈的迅速变化，教育体系也在不断探索与产业的深度融合。通过加强与企业、行业协会的合作，学校能够及时了解行业对人才的最新需求，调整教学内容。课程的及时更新，确保了教育内容与行业标准的高度一致，使学生能够在就业市场中占据有利位置。行业对课程内容的反馈，是教学改革与创新的重要动力之一，促使职业教育不断向着更高水平、更广领域发展。

（三）新兴产业对人才培养的挑战

新兴产业的崛起对中职语文教育提出了巨大的挑战。这些行业对技术型人才的需求不仅体现在专业技能的培训上，还要求具备较高的语言能力与跨领域的沟通能力。随着科技进步和新兴行业的快速发展，职场对语言能力的需求已经不再局限于传统的文学知识和语言应用，更多地要求能够理解并表达复杂的技术信息。中职语文教育必须突破传统，创新课程设计，以适应这些行业的挑战。

新兴产业的技术特点要求中职语文教育培养的学生不仅要具备扎实的语言基础，还要能在技术性较强的环境中进行有效的沟通。现代科技行业，尤其是信息技术、生物技术等领域，对语言的精准表达和跨学科的沟通能力有了更高的要求。这对中职语文课程内容提出了挑战，语文教学不再仅仅局限于传统的语言知识学习，而是需要更注重技术性语言的培养和行业相关的沟通技能。

随着新兴产业对人才的需求不断变化，中职语文教育面临着不断创新的压力。教育部门和学校必须根据行业特点调整教学内容，培养能够在多样化、跨领域的职业环境中适应工作的综合型人才。新兴产业的崛起推动了中职语文教学内容的不断优化，使其更加适应现代职业市场的需求，为学生的职业发展打下坚实基础。

第二节　目前教学现状分析

一、课程设置与内容

中职语文课程的设置与内容在学生语言能力提升和综合素质培养中起到关键作用。课程体系需要紧密结合行业需求，注重语言技能与职业能力的有机融合。在教学内容设计上，不仅要夯实学生的语文基础知识，还需突出实践性和职业针对性，通过案例分析、职场沟通等内容提高应用能力。选修课程与专业课程的有效衔接能够拓展学生的知识广度，增强学习的灵活性，同时满足不同职业领域对语言能力的特殊要求。课程结构的优化使学生在掌握核心语文知识的基础上，能够将语言技能运用于实际工作场景，提升就业竞争力和职业适应性，从而更好地服务于社会和行业的发展需求。

（一）课程体系的整体结构分析

课程体系的整体结构决定了学生所能获得的知识面及技能深度。中职语文课程的体系设计应从基础到应用，层层递进，使学生在逐步掌握基础知识的同时，也能获得相应的语言运用能力。结构应当科学、合理，确保语文课程的教学内容与学生未来职业发展密切相关。这种结构安排帮助学生更好地适应社会和职场的需求，避免课程内容的脱离实际。

在课程体系的设计中，除了必修课程外，应加入一定的选修课程，使学生能够根据个人兴趣或职业目标选择适合的学习内容。体系的多样化有助于学生个性化发展，并促进其综合素质的提升。课程的灵活性使得学生能够在不同的领域内获得多维度的知识，增强就业竞争力。

课程体系不仅应注重知识的传授，还要融入技能训练和社会实践环节。这种结构的设计确保了学生能够在理论学习的基础上，获得与未来工作密切相关的实践能力。体系的全面性和实用性，有助于学生更好地进入工作岗位，在实际工作中运用所学知识。

（二）教学内容的实用性与针对性

教学内容的实用性与针对性是中职语文课程设置中的关键因素。内容的选择不仅要符合学科标准，还需紧扣学生未来的职业需求。中职语文教育的目标不仅仅是传授语言知识，更要培养学生的实际应用能力。教学内容的针对性确保了学生能够掌握那些在未来工作中真正需要的语言技能，从而提高其职业素养和综合能力。

随着社会和产业需求的变化，教学内容需要不断更新。除了传统的阅读与写作，教学内容逐渐扩展到更多与职业相关的领域，如职业写作、报告撰写等内容。这种内容的针对性保证了课程能够满足不同行业对语言能力的具体要求。尤其在技术类行业，学生需要具备一定的技术语言和行业术语的理解能力，课程内容必须做到紧密结合职业技能的需求。

教育部门和学校应根据行业反馈，适时调整教学内容。通过与企业的合作或行业调研，可以确保教学内容的前瞻性与实用性。教学内容的灵活调整，能够帮助学生更好地适应行业变化，提升其职业竞争力。内容的不断更新和改进，使得课程在实际应用中更具实效性。

（三）选修课程与专业课程的衔接

选修课程与专业课程的衔接是中职语文课程设置中的重要环节。专业课程是学生未来职业技能的核心，而选修课程则为学生提供了更多元的学习选择。选修课程应与专业课程紧密对接，确保学生所学内容不仅符合个人兴趣，还能与职业要求相结合。这种衔接有助于学生拓宽知识面，并在学术和职业技能上实现良好的平衡。

选修课程在内容设计上需要注重学生的综合素质培养。与专业课程不同，选修课程的灵活性和个性化使得学生可以根据自己的职业方向和兴趣，选择相关的课程进行深入学习。选修课程的多样化不仅丰富了学生的学术视野，还有助于其职业素养的提升。通过精心设计的选修课程，学生能够更全面地理解和掌握多领域的知识。

有效的衔接不仅体现在课程内容的融合，还应体现在教学方法和评估标准的统一。选修课程的设置要与专业课程目标一致，确保两者在培养学生语言能力和职业素养方面能够形成合力。这种衔接有助于学生形成更加完整的知识体系，并在实际工作中能够灵活运用所学知识。

二、教学方法与手段

教学方法和手段在中职语文教学中发挥着重要作用，是提升教学质量的核心因素。随着教育理念的发展和社会需求的转变，传统以讲授为主的教学方式在实践性和互动性上逐渐显现不足，亟须改进和创新。现代教育技术的引入为语文教学提供了多样化的工具，如多媒体课件、在线学习平台和虚拟现实技术等，这些新兴手段可以将抽象知识具体化，提高学生的学习兴趣和参与度。教学方法的更新需与教学目标紧密结合，将技术融入课程设计和课堂活动，通过情景模拟、小组协作和案例分析等方式增强教学效果。有效融合传统方法与现代手段，能够更全面地培养学生的语言能力和综合素质，满足职业教育的实际需求和发展目标。

（一）传统教学方法的局限性

传统教学方法主要依靠教师讲授和学生听讲，教学内容较为单一，缺乏互动与实践。这种方法虽然在一定程度上能够传递基本知识，但对学生主动学习和创新思维的培养缺乏足够的支持。学生在传统教学模式下往往只能被动接受知识，缺乏深度参与，难以激发其自主学习的积极性。

随着时代的发展，学生的学习方式发生了变化。传统的教学方法无法满足现代学生对个性化学习和高效互动的需求。过于依赖讲授和背诵的模式，难以提高学生的实际语言运用能力。尤其在中职语文课程中，单一的教学方法未能有效结合职业技能的培养，导致学生在实际应用中的语言能力较为薄弱。

现代教育理念强调培养学生的综合能力和创新思维。传统教学方法无法充分体现这一点，它偏重知识的灌输，而忽视了学生在实践中的能力培养。在中职教育中，单一的教学模式难以满足多样化的学习需求，教师和学生之间缺乏必要的互动和反馈，影响了教学质量的提升。

（二）新兴教学手段的应用现状

新兴教学手段的应用为中职语文教育带来了新的机遇。现代教育技术，特别是信息技术的引入，为课堂教学增添了丰富的表现形式。通过多媒体、网络平台等手段，教学不仅仅限于传统的语言讲解，更多的是通过互动式教学、虚拟场景和在线资源来丰富课堂内容。这些新兴手段使得课堂更加生动，学生的学习兴趣和参与感得到有效激发。

新兴手段的应用不仅提升了教学的趣味性，还让学生能够更好地接触到实际工作场景中的语言应用。模拟职场环境中的语言交流，能够帮助学生提前感知职业工作中遇到的语言挑战，从而更好地进行语言能力的训练。这些新兴手段让学生从被动学习转向主动探究，增强了其语言应用的实践性。

新兴教学手段还对传统教学方法进行了有效的补充。借助在线学习平台、互动讨论和项目式学习，学生可以随时随地进行知识的回顾和巩固。教师可以通过智能教学系统及时了解学生的学习情况，从而进行个性化教学，提升教学的针对性与实效性。教学手段的创新有助于改善教学效果，推动中职语文教育走向新的发展阶段。

（三）教学手段与技术的融合度

教学手段与技术的融合度决定了教育创新的成效。仅仅引入新的教学技术并不足以提升教学质量，关键在于如何将技术与教学内容、方法有机结合。许多中职语文课程的教学手段还停留在对技术的简单应用阶段，未能深入融入课堂教学中，导致技术应用效果的局限性。

为了实现技术与教学的深度融合，教育者必须从教学设计、教学内容、技术工具等方面进行系统化调整。课程内容和教学方法的创新需要与技术手段的有效应用相匹配，这样才能最大程度地发挥技术在教学中的作用。语文课程的写作与语言运用训练可以通过虚拟场景和在线协作平台来实现，更好地与学生的实际需求对接。

技术与教学手段的融合不仅仅是工具的替代，还是教学理念的转变。现代信息技术能够为中职语文教育提供更多的互动形式和实时反馈功能，帮助学生在学习过程中实现个性化成长。这种融合度的提升，最终有助于教育质量的全面提高，使学生能够在实践中掌握更多的语言能力，并为未来的职业生涯奠定坚实的基础。

三、师资力量与培训现状

中职语文教学质量高度依赖于教师队伍的素质与能力。教师的专业水平直接决定了教学的深度与广度，对学生语言能力和综合素质的培养起着关键作用。师资结构和培训机制在满足职业教育需求方面仍存在一定挑战，尤其在课程内容更新和职业技能结合方面。教师专业成长是提升教学质量的重要途径，通过持续培训和学习，教师能够更好地掌握现代教学方法与技术。校企合作为教师提供了实践与理论相结合的平台，使其更深入了解行业需求，将职业技能融入语文教学中。优化师资培训体系，鼓励教师参与职业发展活动，能够全面提升教学水平，推动中职语文教育质量的持续提升，为学生的职业发展奠定坚实基础。

（一）师资结构的现状与问题

中职语文教师队伍的结构呈现出一定的不均衡性。多数教师具备一定的学科知识背景，但缺乏足够的实践经验，尤其在现代职教需求日益提升的背景下，教师的语言运用能力和行业知识显得尤为不足。部分教师的教学方法仍停留在传统的知识传授阶段，未能适应当代教育要求对创新和实践能力的培养。

教师队伍的年龄结构也是当前中职语文教育中的一大问题。年轻教师数量较少，许多中职院校仍依赖经验丰富但较为陈旧的教学理念的资深教师。随着时代发展和教育改革的推进，年轻教师的培养与引进变得愈加重要。只有不断注入新鲜血液，才能更好地适应教育体制的变化和学生需求的多样化。

除了知识和年龄层面的问题，教师的持续培训和专业发展也存在不足。许多教师在职后无法及时接受新的教育理念和方法的培训，导致教学内容与手段的更新滞后。缺乏系统的职业发展规划使得教师无法跟上教育发展的步伐，从而影响了教学质量和学生的学习效果。教师的专业成长亟须得到更为重视与支持。

（二）教师专业发展途径的探索

教师的专业发展途径不仅包括传统的学历提升和学科培训，还应通过多样化的实践活动来促进其综合素质的提升。现代职教要求教师不仅具备扎实的学科知识，还要具备良好的沟通、组织和引导学生的能力。教师的职业发展应注重其跨学科知识和综合能力的培养。

除了学历提升外，教师可以通过参加行业研讨、交流会以及校外实践等方式来增强其专业素养。通过参与行业活动，教师不仅能更新教学理念，还能了解行业发展动态，将行业的最新需求融入教学中。这种从行业实际出发的教师发展途径，有助于教师在实际教学中更加贴合学生的职业需求。

为了提高教师的教学水平，许多中职院校已开始加强教师的课堂实践与教学反思。通过定期的教学观摩与评估，教师能够发现并改进自己的教学方法。专业发展途径的探索，使教师不断在实践中积累经验，并通过反思提升其教学能力，从而更好地满足学生的学习需求和职业发展要求。

（三）校企合作中师资水平的提升

校企合作为中职教育提供了一个增强师资力量的有效途径。通过与企业的紧密合作，教师可以直接接触到行业的前沿动态和技术标准，从而不断提高自身的职业素养和教学水平。企业为教师提供的实习机会和行业交流平台，有助于教师将最新的行业知识和实践经验融入课堂教学。

校企合作不仅对教师的知识更新起到了积极作用，还促进了教学方法的创新。教师通过与企业专家和技术人员的合作，能够获得更多的教学资源和实际案例，这为课堂教学提供了更加丰富的素材和实践机会。企业的技术支持和案例分享，使教师能够更加贴近行业发展趋势，提高其对学科内容和行业需求的敏感度。

校企合作在师资水平提升中的作用，不仅体现在专业技能的提高，还体现在对教学理念和教学方式的更新。教师在企业实践过程中，能够深刻理解行业需求，并将其转化为适合教学的内容，推动教学方法的创新与优化。教师的专业能力得到企业实践的支撑，从而为学生提供更加真实和实用的学习内容，提升了教学的质量与效果。

四、学生学习态度与能力

中职语文教学的成效在很大程度上取决于学生的学习态度与能力，这直接影响课程实施效果和教育目标的达成。学生的学习兴趣和动机决定了其课堂参与度和学习效率，积极的态度能够推动知识的吸收与技能的提升。语言应用能力现状则反映了学生对课程内容的掌握程度及实际运用水平，是教学设计的重要依据。学生对教学方式的适应性影响着课堂活动的效果，灵活多样的教学方法能够更好地激发学生兴趣并提高学习效果。通过深入研究学生的学习需求和特点，教师可以针对性地优化教学内容与方法，为提高课堂质量和促进学生全面发展提供科学依据和实践路径。

（一）学生学习兴趣与动机的调查

激发学生的学习兴趣和动机是提高学习效果的核心所在。语文课程在职业教育中的作用尤为重要，其语言应用性和文化性决定了培养学生学习兴趣是推动自主学习的关键。学习兴趣与动机的调查不仅为教学设计提供了科学依据，还为实现个性化教学策略奠定了数据支持和实践方向。通过深入了解学生兴趣点和内在驱动力，教师可以设计更具吸引力的课程内容。

学生学习兴趣的形成受到多种因素的共同影响，包括课程设计、教学方法和学生的个人经历。课程内容需要与学生的实际需求密切结合，教学方式灵活多样，才能使学生从被动学习转变为主动参与。学习兴趣的培养要注重情感的融入和知识的应用，通过让学生在学习中感受到成就感和满足感来增强其参与意愿。

这种方式既有助于知识的内化，又能促进学生学习积极性的持续提升。

动机作为推动学生学习的内在力量，与未来职业发展具有直接关联。在教学中明确语文课程对职业素质提升的重要性，能够增强学生对课程学习的认可与兴趣。动机的调查需要关注内在和外在因素的结合，通过分析学生学习行为特点，有针对性地制定个性化教学计划，使学生的兴趣和动机得以双向提升，推动课堂效率的显著提高。

（二）语言应用能力的现状分析

语言应用能力对学生未来职业发展至关重要，是中职语文教学效果的核心指标。学生在基础教育阶段语言能力的参差不齐，为中职语文课程的优化设置带来了挑战。对学生语言应用能力的现状进行科学评估，能够为教学设计提供有效的支持，并有助于优化教学资源配置，提高整体教学效果。

学生语言能力的水平分布差异较大，其中既包括语言基础薄弱的学生，又有部分学生在某些特定场景中表现出较强的语言能力。语文课程设计应考虑到这一现状，通过设置层次分明的课程内容，在夯实基础知识的同时增强实际应用能力。针对职业需求，在表达能力、书面写作和语言理解方面进行有针对性的强化训练，使学生更好地适应职业场景。

针对语言能力现状，教学方法的革新尤为必要。引入项目式学习和情境化教学能够使学生的语言表达更加流畅与准确。通过模拟工作任务和真实情境的演练，让学生在实践中运用语言，将课堂所学转化为真实能力。这种教学模式不仅增强了语言能力的实用性，还进一步提高了学生在职业场景中的沟通水平，为未来职业发展提供有力支持。

（三）学生对教学方式的适应性

教学方式是否贴合学生的学习特点直接决定了课堂的参与度和学习效果。语文课程作为一门结合文化性与应用性的学科，其教学设计需要充分考虑学生对不同教学方法的适应程度。研究学生对教学方式的适应性能够为调整教学策略提供依据，最终提升教学效果和课堂效率。

学生在学习过程中展现出多样化的兴趣点和风格，因而对教学方式的接受程度存在显著差异。语文课程设计应结合学生的个性特点和职业发展目标，体现教学方法的灵活性。对于注重实践的学生，可以通过情境化教学提升学习兴趣；而对于语言基础较好的学生，则应增加对文本分析和写作技能的训练。这种分层次、多样化的教学策略能够更好地满足不同学生的需求。

提升学生对教学方式的适应性，需要在课程设计中注重互动性与趣味性的结合。通过师生间的有效互动以及学生合作学习的组织，可以增加课堂的活跃度与参与感。利用多媒体技术和网络资源优化教学手段，使课程内容更加直观、生动，从而增强学生对教学的适应能力和学习动力，最终实现学习效果的全面提升。

第三节　面临的主要挑战

一、教学资源不足

中职语文教学资源的有效配置与合理利用是提升课程质量的重要保障。教材内容的更新与开发直接影响教学内容的实用性与前瞻性，过于陈旧的教材难以满足现代职业教育的需求。教学设备的地区配置差异导致资源分布不均，部分地区的教学效果受到限制。实践资源与教学资源的脱节也阻碍了学生将语言能力与职业技能相结合的能力提升。解决这些问题需要系统规划和针对性的优化措施，包括开发符合职业教育特点的教材、加强资源的均衡配置以及推动实践与教学资源的深度融合。通过多方协同和资源整合，能够更好地满足教学需求，促进中职语文教育质量的全面提升。

（一）教材内容的更新与开发难点

语文教材作为教学核心资源，其更新与开发需要紧密契合社会的快速发展与职业需求，既要体现时代性，又要具备实用性和创新性。教材内容的更新不仅直接影响学生的语言学习效果，还决定了其在职业场景中的适应能力。目前教材在内容编排和结构设计中仍存在较多难点，难以满足教育需求的多样化与行业发展的动态变化。

在教材开发过程中，语言学习规律与行业技能需求的结合是重要环节。由于缺乏统一的开发标准，不同地区和院校的课程目标差异化明显，教材内容难以覆盖广泛需求。教材开发周期较长也成为一大问题，通常难以及时反映行业发展的最新趋势和社会动态，从而降低了教材的实用性与前瞻性，阻碍学生的职业能力培养。

优化教材内容的更新与开发，需要教育部门、行业专家和教学团队的紧密协作。在开发教材时，应融入行业实际案例，结合多媒体技术使教材内容更生动、灵活。这种多方合作能够显著增强教材的职业关联性，使学生通过教材的学习更好地掌握职业所需技能，同时激发学习兴趣，为其未来发展奠定良好基础。

（二）教学设备配置的地区差异

教学设备作为课堂教学的重要支持，其配置水平对课程效果的实现起着关键作用。在中职语文教学中，由于不同地区经济条件的显著差异，教学设备的更新与普及程度呈现出极大的不均衡现象。这种差距直接影响了教育资源的公平性与学生学习体验的质量。

在经济较发达的地区，中职院校通常能够定期更新教学设备，引入智能化与现代化教学手段，从而提升课堂的效率与灵活性。而在经济欠发达地区，由于设备的老化甚至缺失，课堂教学的质量难以保证，学生的学习体验与发达地区相比明显处于劣势。这种资源分配的不平衡，不仅影响了学生的学业成果，还进一步加剧了教育发展的区域性差异。

推动教学设备配置的均衡化，需要多方协同努力。教育政策应优先向资源薄弱地区倾斜，通过财政支持与校企合作提升教学设备水平。建立教学设备的区域共享机制，设立资源中心供多校使用，可以有效缓解资源分配的差距，为语文教学的优化创造条件。这一策略将显著提高教育资源的利用效率和教学质量。

（见表 1-3）

表 1-3　不同地区教学设备配置与影响分析

地区类型	教学设备现状	课堂教学效果	学生学习体验	改进建议
发达地区	教学设备更新及时，现代化程度高	教学灵活性高，课堂互动性强	学生学习体验较佳，参与度高	引入更多职业场景的智能设备，增强应用性
欠发达地区	设备老化甚至缺失，现代化程度低	教学方式受限，课堂效果一般	学生学习条件较差，参与度不足	优先政策倾斜，增加财政支持，校企合作改进
资源共享地区	设备通过区域共享，条件有所改善	提升教学效率但受制于共享安排	学生学习体验有所提升但存在不均	优化共享机制，推动资源共享数字化管理

（三）实践资源与教学资源的脱节

语文课程的实践性要求教学资源与职业需求之间必须保持高度的一致性。在当前实际教学中，实践资源与教学资源的脱节现象较为普遍。这种脱节直接限制了学生语言应用能力的发展，也削弱了其未来职业场景中的适应性与竞争力。

现有教学资源多侧重于理论知识的传授，而对实际应用的设计较为缺乏，导致课堂教学与真实职业需求之间的联系薄弱。课程内容在模拟职业场景、反映实际需求方面的不足，使得学生难以将所学知识转化为可操作的职业技能。校企合作机制不够深入，实践资源的开发与使用未形成标准化，进一步影响了语文课程的应用价值与教学成效。

为解决这一问题，需要构建更为紧密的校企合作机制，将行业的实际需求全面融入教学资源的开发和课堂设计中。通过职业情境的模拟、语言任务的演练，让学生在仿真的工作场景中运用语言技能，从而提高实际操作能力。这种深度融合的教学模式不仅增强了语文课程的实践性，还显著提升了学生的职业适应能力和综合素养。

二、学生语言能力差异

学生语言能力的差异是中职语文教学中亟待解决的重要问题，直接关系到课堂教学效果和个体学习的深度发展。由于入学时学生的语言基础参差不齐，部分学生在词汇量、表达能力以及阅读理解方面存在显著不足，这种差异主要源于教育背景、家庭环境及个人学习习惯的不同。差异化教学虽是解决问题的重要方法，但在实际实施中存在目标设定复杂、教学资源有限等挑战。针对这一问题，需要通过分层教学、小组合作以及个性化辅导等方式，帮助学生在原有基础上稳步提升语言能力。加强教学内容与职业需求的结合，能有效激发学习兴趣，为不同语言水平的学生提供更加适配的教学支持，提升整体课堂质量和学习成效。

（一）学生入学水平的参差不齐

学生在入学时语言能力的差异十分显著，这种差异主要源于学生在基础教育阶段所接受的教育质量、学习经历、家庭背景和语言天赋的不同。这种差异给中职院校的语文教学带来了较大的挑战，教师必须深入分析学生的水平差距，结合学生的具体需求调整课程内容和教学策略，以实现对不同水平学生的有效指导，同时推动教育公平的实现。

入学水平的差异体现在部分学生在语文基础知识和语言表达能力方面表现出较强的学习适应力，能够快速融入课堂学习。另一部分学生则由于基础薄弱，在听说读写等技能上存在显著短板，难以跟上课程进度。这种学习能力的不均衡不仅给课堂教学的一致性带来压力，还容易在课堂氛围中形成学生之间的落差感，影响整体学习的和谐性与互动效率。

针对学生入学水平的参差不齐，教学中可引入分层教学和小组协作学习等策略。通过科学划分学习小组，将能力互补的学生组合在一起实现资源共享，使不同能力水平的学生在统一的框架中协同发展。此举既满足了个性化教学需求，又有效增强了课堂的整体协作性，为学生提供公平而高效的学习环境，提升整体教学质量。

（二）语言基础薄弱的成因分析

学生语言基础薄弱的成因较为复杂，往往与多种社会和个人因素密切相关，包括家庭环境、教育资源分配不均，以及学生学习习惯与态度的差异。深刻分析这些成因，对于中职语文课程的科学设计和教学策略的优化具有重要意义。

基础教育阶段教育资源的分布不均是造成语言基础薄弱的重要原因之一。特别是在经济欠发达地区，学校的师资力量不足，课程设置不完善，学生在语文学习中未能获得足够支持。家庭环境对语言学习的影响不容忽视。缺乏文化氛围或家庭支持的学生在语言积累和兴趣培养上往往表现较弱，进一步加剧了学习困难。

针对这些问题，教学设计应从根本上加强对薄弱环节的支持。教师可以通过设置基础知识巩固课程，结合生活化情境开展语言实践活动，帮助学生在实际使用中提升能力。唯有从教育资源、教学内容及课堂形式等多个方面进行针对性设计，才能从根源上解决问题，帮助学生实现语言能力的全面提升，为其未来职业发展打下坚实的基础。

（三）差异化教学的实施难度

针对学生语言能力的差异实施差异化教学，是中职语文教学提升效果的核心路径。差异化教学在实践中面临多重困难，包括资源配置不足、教学设计复杂性以及课堂管理负担加剧等因素，这些问题使得差异化教学的全面落实难度加大。

教学资源的有限性是差异化教学面临的主要制约因素。教师需要在有限的时间和资源条件下同时满足多层次学生的学习需求，并制定针对性强的教学方案，这对教师的专业素养和教学精力提出了较高要求。现有的教学环境中配套的教学工具与支持系统仍显不足，难以满足差异化教学的实际需要，从而影响其效果的发挥。

为克服这些障碍，差异化教学应充分利用现代化教学工具和平台，在线学习系统和个性化任务设计，提升教学效率。可通过协作式学习分担课堂管理的压力，增加学生间的互动与团队协作能力。这种模式能够灵活调配教学资源，既关注学生个体需求，又确保整体教学目标的实现，为课堂教学带来高效与均衡的双重提升。

三、行业需求与教学脱节

中职语文教学与行业需求的结合程度在培养学生就业能力和职业素养中起着

关键作用。行业对高素质人才提出了更高要求，不仅注重专业技能，还强调语言表达、沟通协作等综合能力。教学目标与实际就业需求之间的矛盾使语文教学在职业化方向上显现不足，课程内容与岗位需求脱节的问题亟待解决。将职业技能与语言能力进行有效整合也面临挑战，学生在实际应用中常难以将两者融会贯通。通过深入分析行业需求，优化课程设置，增强教学的实践性和针对性，可以更好地实现语文教学与职业发展的无缝衔接，为学生的职业竞争力提升和全面发展提供有力支持。

（一）行业对高素质人才的实际需求

现代行业对高素质人才的需求日益增加，语言能力与职业技能的融合水平逐渐成为衡量人才竞争力的核心指标之一。中职语文教学必须深入挖掘行业实际需求，培养兼具职业素养和语言能力的应用型人才，使学生能够适应快速变化的就业环境与职业要求。

在当今服务业、制造业及新兴技术领域中，高效工作的基础在于精准的信息传递与语言表达能力。在客户服务岗位，流畅的沟通是建立良好客户关系的关键；在制造行业，清晰的技术报告撰写与团队协作则尤为重要。部分中职学生的语言实际应用能力尚未达到这些岗位的标准，语文课程内容的单一性和教学模式的局限性更使得这一问题愈发显著。

为了提升语文课程与行业需求的匹配度，需要在课程中融入职业情境及实际案例，注重教学内容的实用性与针对性。通过结合行业背景知识设计语言训练环节，并通过模拟与真实工作环境的结合，学生可以逐步掌握语言能力与职业技能的综合运用，从而更好地满足现代行业对高素质人才的期待。

（二）教学目标与就业需求的矛盾

中职语文教学目标与现代就业需求之间的矛盾，已成为制约课程实践价值与教学效果的重要因素。传统语文课程以语言基础能力的培养为主，但未能充分考虑学生在实际工作中对语言应用能力的迫切需求，这使理论与实践脱节的问题尤为突出。

现阶段语文教学目标更多关注书面表达和阅读理解能力，而现代职场对口头表达、跨文化沟通及逻辑思维能力提出了更高要求。在国际贸易或跨文化团队合作中，清晰有效的沟通是项目成功的基础。但由于课程目标的设定与行业需求的偏离，毕业生难以在实际职场中将课堂所学灵活转化为职业能力，这在一定程度上弱化了语文课程的价值。

要有效解决这一矛盾，需在课程设计中引入基于能力导向的评估与教学方法。明确语文课程目标与就业需求的衔接点，将语言应用的全面性和灵活性纳入教学重点。通过优化教学内容与目标设定，逐步使语文课程适应现代职业发展的多样化需求，提升学生的综合就业竞争力。

（三）职业技能与语言能力的整合挑战

职业技能与语言能力的有效整合，是中职语文课程教学实践中的一大难题，其复杂性主要体现为课程设计、教学方法以及资源配置等方面的不足。语言作为连接沟通与操作的工具，与职业技能相结合后，可显著提升学生的综合素质与岗位适应能力。这一整合过程面临多重挑战。

整合的关键难点在于，职业技能与语言应用场景存在差异性。许多语文课程缺乏对实际职业需求的深度研究，课程内容与行业技能培训脱节。教师在课程设计中常面临资源不足及实践指导匮乏的问题，导致学生在实际工作中无法将语言能力与职业技能有机结合，教学质量也因此受到限制。

要突破这一难题，必须深化校企合作，充分引入行业专家的参与。通过在课程中嵌入职业技能模块，并设计任务驱动的教学活动，将职业技能训练与语言应用无缝结合。学生在完成任务过程中，不仅能提高语言表达的精准性，还能在真实的职业场景中锻炼综合能力，从而实现语言能力与职业技能的全面提升。

四、社会对职业教育的认知

社会对中职教育的认知在很大程度上影响着其发展和社会影响力。长期以来，中职教育因培养目标与传统学历教育的不同而受到一些误解，部分社会群体认为中职教育层次较低，这种偏见直接影响学生的学习积极性和职业期望。家庭对中职教育的支持程度不均，行业对毕业生的认可度不足，也在一定程度上限制了中职教育的吸引力与实际成效。通过深入剖析这些问题，可以更有针对性地开展社会宣传，展现中职教育在培养高技能人才和服务社会发展中的重要作用。强化行业与中职院校的协作，提升毕业生的社会认可度，有助于改变固有观念，为中职教育的改革和长远发展创造更加有利的环境。

（一）社会对中职教育的普遍误解

在许多地区和群体中，中职教育常常被误解为低层次的教育选择，这种偏见导致了社会对职业教育整体评价的普遍偏低。这种状况不仅影响了学生和家长选择中职教育的意愿，还对社会对中职教育的认可度造成了负面影响。中职教育的巨大潜力和在经济社会发展中的重要作用尚未得到全面的理解和重视，社会对其质量和成果的信任明显不足。

这种误解还体现在职业发展前景的认知上。社会普遍认为，中职教育毕业生只能从事技术含量较低的基础性工作，忽视了中职教育能够为学生提供多元化职业发展的可能性。尤其是在某些企业和行业中，更倾向于选择拥有高学历背景的求职者，而对中职教育培养的高技能人才缺乏足够重视，这种观念的固化进一步限制了职业教育的社会影响力和发展空间。

要扭转这一误解，需要从宣传中职教育成果入手。通过数据与案例展示中职教育培养的高素质人才在多个领域中的优秀表现，强化其社会形象。政策制定者、教育机构和企业应联合行动，提升社会对中职教育的全面认知，增强对中职教育的认可度，为职业教育的可持续发展创造更加有利的社会环境。

（二）家长与学生对语文课程的重视程度

在许多家庭和学生的认知中，语文课程在职业教育中的重要性经常被低估，尤其在中职教育体系中，语文学科的地位和作用往往被边缘化。学生和家长对语文学科的重视不足，直接影响了语文教育的投入与成效，使学生未能充分发挥语言能力在职业发展中的潜在优势。语言能力被狭隘地认为只是基础教育的内容，忽略了其在未来职业生涯中的广泛应用。

家长通常更关注学生的专业技能和实践能力，将这些视为就业竞争力的核心，而认为语文课程的作用有限。这种态度使得学生在语文学习上的兴趣不高，学习动力不足，进而在语言表达、沟通技巧等方面出现明显不足。这种忽视不仅影响学生的综合能力，也导致其在实际职场中缺乏必要的沟通与表达能力。

要改变这一现状，需要强调语文课程与职业发展的密切关系。通过具体的案例和行业需求分析，让家长和学生认识到语言能力在日常工作中如撰写报告、与客户沟通、团队协作等环节中的重要性。语文课程不仅是职业教育的基础部分，还是学生在就业市场中提升竞争力的重要保障，因而需要给予更多关注和重视。

（三）社会对中职生就业能力的质疑

社会对中职毕业生就业能力的质疑是职业教育发展的主要瓶颈之一。许多企业和用人单位对中职生的职业素养和技术水平存有偏见，认为其不足以胜任高要求的工作岗位。这种看法不仅阻碍了中职生的就业机会，还对职业教育的社会形象造成了负面影响，进一步弱化了学生对自身职业发展的信心。

这种质疑的根本原因在于教育体系与行业需求之间存在明显的脱节。尽管中职教育注重实践和技能训练，但课程内容往往无法紧跟行业发展的实际需求，导致毕业生缺乏应对实际职场挑战的能力。企业认为，中职生虽然具备基础技能，但在专业知识的深度与综合素质上有所欠缺，这种不足制约了其在职场中的长远发展。

要打破这种质疑，需要通过加强校企合作来缩短教育与行业需求之间的差距。引入更多真实的职场模拟训练与跨行业实习机会，使学生能够更好地理解行业标准并提升实际操作能力。中职教育应积极优化课程设置，确保其与行业动态保持一致，从而培养出更具竞争力的高素质技能型人才，提高中职生在就业市场中的吸引力与信任度。

第四节　教学评价机制

一、现有评价标准的分析

现有的评价标准在中职语文教学中是评估教学质量和学生能力的重要依据，但在实践中仍存在局限性。教学目标与评价标准的匹配度不足，导致部分教学成果难以全面反映，影响了学生综合能力的衡量。评价指标体系的设计往往偏重知识掌握，忽视语言实际运用能力和职业需求的结合，难以全面体现学生的综合素质。传统评价方式过于单一，缺乏多样化和实践性，难以适应现代职业教育的要求。通过优化评价标准，加强目标与评价的一致性，构建更加科学的评价指标体系，并引入多元化的评价手段，可以更有效地提升教学效果，为学生的语言能力发展和职业竞争力提供更有力的支持。

（一）教学目标与评价标准的匹配度

教学目标与评价标准之间的匹配度是决定评价有效性的重要因素。中职语文课程的教学目标通常较为抽象，更多关注语言能力的培养，但现有评价标准难以准确衡量学生在实际学习中的进展与应用能力。这种匹配度不足的状况，使得评价难以全面反映学生在语言能力、职业素养以及综合实践能力等方面的真实水平。

目前教学目标仍主要侧重于基础语言能力的培养，评价标准也偏向于知识传授的掌握程度，而在语言应用能力、沟通技巧和职业相关能力的体现上明显不足。学生在课堂完成了多种语言表达任务，但在评价时往往只是关注其试卷上的分数，而忽视了其在实践中的能力表现。这种脱节直接削弱了评价的公正性和实用性。

要改善这一问题，需要根据职业需求和教学实际对评价标准进行动态调整。在制定评价标准时，不仅要考虑知识传授的要求，还应将职业能力的实际运用纳入评估重点。通过更具实用性的评价设计，可以确保学生的真实能力在评价中得到全面反映，推动教学目标的实现与优化。

（二）评价指标体系的全面性分析

评价指标体系的全面性直接决定了学生综合能力评估的准确性与科学性。现有评价体系更多聚焦于语言知识与基础技能，忽视了学生的其他关键素质，如批判性思维、创新能力以及与职业相关的软技能。这种单一维度的评价体系难以全面反映学生的学习成果与职业发展潜力。

目前评价指标往往集中在书面考试上，而缺乏对学生在实际应用场景中的表现评估。学生在团队合作、语言沟通等软技能方面的能力无法通过简单的考试成绩得到体现。实际情境中的语言运用与表达能力的忽略，进一步限制了学生在综合能力培养中的潜力挖掘，无法促进教学改革的深入推进。

为了建立更全面的评价体系，需要从多个维度入手，包括语言知识的掌握程度、实际语言运用能力、创新思维及职业素养表现等。引入综合性评价工具，项目实践评估和情境模拟测试，不仅可以精准反映学生的多方面能力，还能够促进教学方法的优化，全面提升学生的综合竞争力。

（三）现有评价方式的局限性

现有的评价方式在一定程度上能够反映学生对知识的掌握情况，但在实际操作中存在诸多局限性。过于单一的评价方法，无法真实展现学生在语言应用中的能力，直接影响了教育目标的全面达成。传统以考试为主的评价方式，更多关注学生的记忆与理解，却忽略了对实践能力与软技能的评估。

目前的评价方式主要依赖定量指标，如笔试成绩和分数，这种方式虽然直观，但却缺乏对学生实际语言表达与沟通能力的评估。学生在职场情境中所需的语言协调与团队协作能力，通常难以通过单纯的考试测评出来。这种局限使得评价结果片面，尤其在面对职业需求日益多元化的今天，现有方式已经显得不够科学与全面。

为了克服这些不足，必须引入更加多元化的评价方式。将过程性评价、项目式评价和实地考察等结合起来，能够更加真实地衡量学生的学习表现。这种评价手段不仅提升了科学性与合理性，还为学生语言应用能力的培养提供了重要指导，有助于构建更加全面有效的教学评价体系。

二、学生综合素质评价

学生的综合素质评价是衡量全面发展的重要工具，在中职语文教学中具有关键作用。这种评价不仅关注学术能力，还涵盖语言表达、创新思维和职业素养等多方面能力，全面反映学生的学习成果与发展潜力。通过综合素质评价，可以更清晰地识别学生在语文学习中的优势与不足，为个性化教学提供依据。评价结果为学生的职业能力提升和就业准备提供了有力支持。现有评价体系在实践中仍需改进，尤其是在评价指标的科学性和方法的多样化上，通过引入情境应用、项目实践和语言技能考核等方式，能够更准确地反映学生的综合能力。优化综合素质评价有助于推动教学方法和内容的改革，进一步提升学生的全面素质和职业竞争力。

（一）学生语文综合能力的评价要素

学生语文综合能力的评价不仅仅限于基础语言知识的掌握和写作技巧的应用，更关注语言实际运用能力的全面考量。这种综合能力涉及听、说、读、写四个方面，每一方面都在工作和生活中发挥着重要作用，是学生语言综合素质的关键体现。听力能力的培养与评价能够帮助学生在复杂信息中抓住核心要点，表达能力则反映学生逻辑思维和沟通能力，而阅读理解与写作技巧则直接影响其对信息的处理与表达。

在语文教学中，评价体系需要涵盖阅读理解、写作表达、口语交际等核心能力，这些是语言实际应用的基础。阅读理解能力反映学生获取和分析信息的水平，写作表达能力展示其逻辑思维和创作水平，而口语交际能力体现语言实际交流的效果。这些能力的培养与提升直接影响学生在职业和生活场景中的语言表现，仅依靠理论知识或书面成绩，难以全面衡量学生的综合能力。

在构建评价体系时，应关注语言的创新表达能力、逻辑性和流畅性，以及学生在实际任务中的沟通协调能力。这不仅能够反映其语言水平，还能考查学生的思维方式和解决问题的能力。通过建立多维度的评价体系，不仅能更准确地展现学生的综合能力，还能为教学方法和内容的优化提供有力的参考依据。

（二）素质评价在教学中的实际作用

素质评价在语文教学中的作用突出体现在其能够全面反映学生的多方面能力与素质，尤其是在评估学生实际应用和创新能力方面的优势。传统考试过于关注知识点记忆与答题技巧，难以真实展现学生在复杂情境中的表现，而素质评价能够通过多样化的方式更准确地反映学生的全面发展和潜力。

素质评价强调对学生实际应用能力的测评，包括语言表达、问题分析与解决能力等。这些能力在职业发展中具有重要意义。学生在职业场景中能否进行有效的沟通和协调，能否运用语文知识解决实际问题，直接关系到其未来的竞争力。通过综合素质的评价，教师能够更清楚地了解每位学生的特点，针对性地调整教学策略，帮助学生在各领域均衡提升。

素质评价还能够激发学生自主学习的动力，使其更积极地参与到教学活动中来。学生在评价过程中能够通过反馈发现自己的进步与不足，从而更有针对性地改进学习方法。素质评价的核心目标不仅是知识的增长，还涵盖学生思维能力、团队合作精神和工作态度的全面提升，这为培养学生的综合素质奠定了坚实基础。

（三）综合素质评价的改进方向

现有的综合素质评价虽然已在一定程度上关注学生多方面的能力，但仍存在评价内容不够全面、方法单一等问题。改进综合素质评价体系需要从多个维度入手，使其更加适应学生全面发展的需求。

评价标准应更加注重学生的实际表现和职业能力的培养。增加情境模拟、项目任务等形式，评估学生在特定环境中的应变能力和解决问题的能力。评价内容应更贴近学生未来的职业需求，注重实际操作能力和综合素质的结合。

综合素质评价的改进方向应朝着多元化、灵活性和针对性发展。评价方法应融合多种手段，包括过程性评价、同行评价和自我评价等方式。这些改进将帮助构建更加科学和全面的评价体系，使其能够更加真实和全面地反映学生的综合素质和未来发展潜力。

三、教学效果的量化研究

量化研究在中职语文教学中的应用为教学效果的客观评估提供了科学依据。通过量化评价，教师可以清晰掌握学生的学习进度、知识掌握情况以及存在的问题，从而为教学内容和方法的调整提供数据支持。这种评价方法能够以具体的分数、指标或统计结果展现学生的综合表现，避免单纯依赖主观判断带来的偏差。量化研究的技术与工具，如问卷调查、学业成绩分析和数据挖掘技术等，使得评价结果更具精准性和实践价值。在教学中有效应用量化结果，不仅能帮助教师制定更具针对性的教学策略，还能提高课堂效率，促进学生语言能力和综合素质的全面提升，为教学质量的不断改进奠定坚实基础。

（一）量化评价的必要性与实践性

量化评价在教育中的必要性体现在其能够提供客观、可操作的数据支持，帮助教师及时调整教学策略。与传统的主观评价相比，量化评价减少了情感因素的干扰，更能准确反映学生的实际学习状况和问题。对教学效果进行量化评估，不仅提高了教学的透明度，还能更好地追踪学生的学习进程。

量化评价具有较强的实践性，它不仅仅是理论的推演，更直接应用于教学实际。通过量化的数据，教师能够精准识别学生在学习过程中存在的短板，及时采取有效的措施进行干预。这种数据化的分析帮助教师在多变的课堂环境中找到最合适的教学方法，从而提升教学效率和学生的学习动力。

量化评价的有效性与实践性决定了其在教学改进中的重要作用。随着信息技术的进步，量化评价能够实时收集并处理大量数据，使得教学过程的各个环节都能够得到细致的分析与反馈，为个性化教学提供坚实的数据支持，推动教育改革向前发展。

（二）量化研究的技术与工具分析

量化研究的技术与工具为教育评价提供了科学的依据。随着大数据和人工智能技术的引入，量化评价的工具日益多样化，涵盖了数据分析、学习管理系统、在线测试平台等多种技术手段。这些技术的应用使得教师能够在教学过程中实时跟踪学生的学习行为和学习成果，获取更加精确的数据。

学习管理系统（LMS）和在线评测平台已经广泛应用于中职教育。这些工具可以自动化收集学生的学习数据，并生成详尽的分析报告，帮助教师了解学生的学习习惯、知识掌握情况及不足之处。通过这些技术，教师能够更加直观地观察学生的学习趋势，进而调整教学策略，提高教学效果。

量化研究技术和工具的不断创新为教育评估的准确性和有效性提供了强有力的支持。随着技术的进步，未来将有更多的智能化工具被引入教学中，进一步提升教育评价的科学性和数据化水平。这些技术的不断发展为中职教育的评估体系注入了新的活力，帮助教师更加精准地把握学生的学习状况。

（三）量化结果在教学改进中的应用

量化结果在教学改进中的应用，能够为教学调整提供明确依据。教学过程中，量化数据的分析不仅揭示了学生的学习情况，还能揭示出教学方法和内容的有效性。通过对这些数据的分析，教师能够找到最适合学生的教学策略，及时调整课程内容和教学方式，提升整体教学效果。

量化数据的分析有助于发现学生在学习过程中遇到的普遍问题，进而为教学方法的改进提供方向。通过量化结果，教师可以精确识别学生知识掌握的薄弱环节，进而对症下药，采取个性化教学方案。量化研究还可以帮助教师评估不同教学方法的效果，确保每一项教学改革措施的实施都能够达到预期目标。

量化结果的有效应用，不仅能够推动课堂教学的持续优化，还能够为教育政策的制定提供数据支持。教育管理者可以根据量化数据分析的结果，做出更合理的资源配置和政策调整，确保教学改革能够在更大范围内实施，从而提高整体教育质量。

四、反馈机制的有效性

反馈机制在教学中扮演着至关重要的角色，是促进学生学习和提高教学质量的关键工具。有效的反馈能够帮助教师了解学生的学习情况，进而调整教学策略，提升课堂效率。对反馈方式的分类与效果分析、学生学习反馈的收集与应用、反馈机制对教学改革的促进作用进行深入探讨，有助于构建更加完善和高效的教学反馈体系。

（一）反馈方式的分类与效果分析

反馈方式的分类有助于明确不同反馈形式在教学中的作用与效果。常见的反馈方式包括书面反馈、口头反馈、数字化反馈等，每种方式在不同的教学情境下具有不同的效果。书面反馈适用于详细评估学生作业和考试成绩，能提供具体的改进建议。口头反馈则常见于课堂互动中，具有及时性和针对性，能够帮助学生快速调整学习策略。

每种反馈方式的效果取决于其使用的时机与方式。书面反馈通常较为详细，有助于学生全面理解自身优缺点，但缺乏即时性。口头反馈虽然便于教师与学生之间的互动，但易于流于表面，缺乏系统性。数字化反馈通过学习管理系统实时收集数据并进行分析，能够更加精准地反映学生学习状况，具有较高的效率和个性化。

综合评估不同反馈方式的效果，能够帮助教师选择最适合的反馈形式。在实际教学中，反馈方式的有效组合能够最大限度地提升学生的学习效果，确保学生在得到及时改进意见的同时，也能在更深层次上理解和应用知识。

（二）学生学习反馈的收集与应用

学生学习反馈的收集与应用是提高教学质量的重要环节。通过多种方式收集学生的反馈，可以及时了解学生在学习过程中遇到的问题及其需求，从而为教学调整提供依据。常见的收集方式包括问卷调查、课堂小组讨论、在线平台反馈等。这些方式能够有效捕捉学生对教学内容、方法及教学节奏的看法。

收集到的反馈信息需要及时分析与应用。教师应关注学生反馈中的共性问题，判断学生在哪些领域存在困惑或不理解，并据此调整教学内容和方式。学生的学习反馈不仅有助于教师自我反思，还能促进学生自我评估与进步。通过有效的反馈应用，学生的学习动力和主动性得到提高，教学效果也得到进一步改善。

合理的反馈收集与应用体系能够推动课堂教学的不断优化。在教育管理层面，反馈数据不仅有助于教师改善教学，还能为教育政策制定者提供决策依据。通过结合学生反馈，教育部门可以及时发现教学中的盲点，并进行针对性改进，提升教育质量。

（三）反馈机制对教学改革的促进作用

反馈机制在教学改革中的作用不仅仅是提升教学效果，更是推动教学体系创新和优化的重要驱动力。通过建立有效的反馈机制，教师能够获得关于学生学习效果的及时信息，从而调整教学策略，使其更符合学生需求。这种动态调整过程推动了教学内容、方法和评估体系的不断完善。

反馈机制对教学改革的推动作用还体现在教师专业发展的促进上。通过学生反馈，教师能够及时识别教学中的不足并进行反思。反馈机制的不断完善促使教师在教学中更加注重学生的个体差异和学习进度，进而形成更加灵活和个性化的教学模式。这种教学模式的转变，有助于实现教育的多样化和创新。

建立健全的反馈机制不仅能够提升课堂的教学质量，还能为教育改革提供数据支持。在全局层面，教育部门可根据反馈数据调整资源配置和政策方向，进一步推动教育体系的优化。通过反馈机制的有效运行，教学改革得以更加顺利地实施和完善。

第二章　教学理念与方法的创新

第一节　课程整合的理念

一、语文与职业技能的融合

在现代职业教育中，语文教学不仅仅关注语言知识的传授，更需要与职业技能的培养相结合。将语文能力与职业技能相融合，能够提升学生的综合素养，使其在职场中具备更强的适应能力和竞争力。探讨职业场景中的语言需求、语文能力在职业技能中的体现，以及融合课程设计的实践与探索，有助于优化中职语文教学的效果，促进学生职业能力的发展。

（一）职业场景的语言需求分析

职业场景中的语言需求多元且复杂，涵盖了口头沟通、书面表达以及技术性交流等多个方面。在工作环境中，语言不仅仅是信息传递的媒介，更是高效协作、解决问题和推进任务的关键工具。不同职业对语言能力的具体要求差异较大，语文教学需要从这些实际需求出发，培养学生的语言应用能力，确保其能够适应各种职业情境中的沟通挑战。

职业场景对语言能力的需求强调了其多样性和专业性。不仅需要学生具备基本的口头表达和书面表达能力，还要求掌握行业特定的术语、规范化的报告撰写能力，以及与客户或同事有效沟通的技巧。在服务行业中，需要具备高效的客户交流能力；而在技术领域，则要求能够准确使用专业术语和编写技术文档。语言能力的精准性和专业性直接影响工作质量和效率，是现代职场中的核心竞争力之一。

为了让学生更好地满足职场的语言需求，语文教学应与职业场景紧密结合。在教学中引入行业需求分析，结合具体工作任务和语言使用特点开展实践活动，可以有效提升学生的语言适应能力。通过模拟真实工作环境中的沟通情境，学生能够在学习中熟悉职场语言的实际应用方式，为未来职业发展打下坚实基础。

（二）语文能力在职业技能中的体现

语文能力是职业技能的重要组成部分，对个人在职场中的沟通、协作以及问题解决能力具有直接影响。良好的语文能力能够显著提升员工的表达能力、逻辑思维能力和分析能力，使其能够在复杂的工作环境中进行高效沟通与决策。语文教育不仅需要关注学生基础语言能力的培养，还应着眼于语言能力在职业情境中的实际运用。

在职业技能的具体培养中，语文能力的作用尤为突出。清晰、规范的写作能力是许多岗位的核心需求。无论是编写报告、撰写方案，还是记录会议要点，良好的语文能力都能确保书面表达的条理性与逻辑性。流畅的口头表达和清晰的逻辑思维能力也在团队协作和对外沟通中发挥着不可替代的作用。优秀的语文能力能够提升个人在职场中的表现力和影响力。

语文能力与职业技能的融合能够提升学生的综合职业素养。在职业场景中，语言能力不仅服务于具体任务的完成，还能帮助学生更深入地理解职业要求，增强跨学科的整合能力。通过系统性强化语文能力，学生不仅能够应对日常工作中的语言需求，还能在职业生涯中具备更强的竞争力，为个人发展创造更多可能性。

（三）融合课程设计的实践与探索

融合课程设计将语文教学与职业技能有机结合，是提升中职语文教学质量的重要创新路径。通过这种设计，语文课程不仅传授语言知识，还能有效培养学生的职业能力，帮助其在实际工作中灵活运用语言解决问题。融合课程强调理论与实践的结合，为学生的全面发展提供了新的教学模式。

在实践中融合课程设计可以通过多种方式实施。教师可以采用情境教学法，将真实职业场景引入课堂。设计模拟工作场景，让学生在特定任务中练习语言表达、撰写职业文档，或进行职场沟通演练。项目式学习也是一种有效方式，学生可以通过完成复杂的实际任务，如组织活动、撰写商业计划等，在实践中培养语言应用能力和职业技能。

为了保障融合课程设计的实施效果，学校需要加强与企业的合作，深入了解行业的最新需求。通过邀请企业专家参与课程开发，结合企业案例丰富教学内容，教师能够更好地调整课程目标和教学策略。通过这种持续的探索与改进，融合课程设计不仅能让学生在语文学习中感受到职业场景的真实需求，还能有效提高其职业素养与竞争力，为未来职业发展奠定坚实基础。

二、跨学科教学的探索

跨学科教学是一种结合多个学科知识与技能的教学模式，旨在帮助学生建立更全面的知识体系。这种教学方法不仅打破了传统学科的界限，还能激发学生的思维创新与实践能力。探索跨学科课程的理论基础、学科间资源整合及具体实践案例，有助于进一步优化教学策略，提高学生的综合素质和职业适应能力。

（一）跨学科课程的理论基础

跨学科课程的理论基础植根于综合教育理念，它提倡学科之间的相互联系与整合，突破传统单一学科的局限。理论认为，知识的综合性与应用性使得跨学科教学能够帮助学生更好地理解复杂的社会和职业问题。通过整合不同学科的视角与方法，学生能够形成更加全面的知识框架，增强实际解决问题的能力。

跨学科教学理论认为，单一学科的学习往往局限了学生思维的广度和深度，无法有效应对现代社会中日益复杂的挑战。通过将不同学科的知识融会贯通，学生能够在综合性任务中锻炼批判性思维和创新思维，提升其解决实际问题的能力。跨学科教学也强调培养学生的协作能力，通过小组合作和学科交叉，促进学生在团队中协作解决问题。

跨学科课程的理论基础强调学生中心的学习方法，注重培养学生的独立思考能力和跨领域的解决问题能力。这种教学模式不仅适用于学术学习，还有助于学生在实际工作中更好地应对复杂情况和多变需求。

（二）不同学科间的资源整合

学科间的资源整合是跨学科教学的重要环节，涉及知识、教学方法、技术等方面的有效结合。通过资源整合，教师能够将不同学科的优势互补，提升教学的实用性和趣味性。在课程设计中，教师应根据学科特点与职业需求，科学地整合各学科的知识资源，以达到最佳的教学效果。

资源整合不仅限于学科内容的融合，还包括教学方式的创新。语言与技术类课程的结合，可以通过项目化学习，将实际操作与语言能力的培养相结合，既能提升学生的专业技能，又能增强其沟通能力。这种整合能够帮助学生在更贴近实际的情境中运用所学知识，促进其能力的全面发展。

有效的资源整合需要教师与行业专家的合作，共同设计课程内容，并将最新的行业需求与学科知识结合。这种整合能够使学生更好地适应职业发展的需求，同时也能够为教学创新提供源源不断的动力。通过持续的资源整合，跨学科教学能够不断优化和提升其教育效果。

（三）跨学科教学的案例实践

跨学科教学的案例实践为教育实践提供了宝贵的经验。这些案例不仅展示了跨学科教学的实际操作，还体现了其在提升学生综合能力方面的巨大潜力。在多个中职院校中，结合语文与职业技能的跨学科课程被广泛应用，取得了显著成效。

在具体实践中，跨学科教学的案例通常涉及项目式学习和情境模拟。在学习语文的同时，学生参与到实际的项目管理中，通过报告撰写、团队沟通等环节，既提升了语言能力，又锻炼了项目管理的能力。这种跨学科的课程设计能够帮助学生更好地理解理论与实践之间的关系，增强其职场竞争力。

跨学科教学的案例表明，学生在多学科的互动中，能够更好地整合信息并提出创新解决方案。这种实践经验不仅有助于提升学生的学科综合能力，还能够激发其主动学习的兴趣和潜力。通过不断优化跨学科教学案例，学校能够为学生提供更加丰富和全面的学习体验，推动教育质量的持续提升。

三、行业背景的引入

在中职教育中，将行业背景融入课程设计是提高教学实用性和学生就业竞争力的关键。行业背景不仅能够帮助课程内容与市场需求对接，还能提升学生的实际操作能力与行业适应能力。深入探讨行业特点对课程内容的影响、行业专家在课程开发中的作用以及行业背景融入课堂的途径，有助于为学生提供更具针对性和实用性的教育。

（一）行业特点对课程内容的影响

行业特点深刻影响课程内容的设计与实施，特别是在职业教育中，课程内容需要根据行业特定的需求不断优化，以帮助学生掌握职业生涯所需的核心技能。不同领域的行业通常具有特定的知识结构、技术能力和职业素养要求，因而课程内容必须准确反映这些需求，为学生的职业发展提供支持。

行业需求的快速变化对课程内容的更新提出了更高要求。随着信息技术的普及，传统行业对数字化技能的需求显著增加，语文课程需要融入数据分析相关的写作技巧和信息处理能力。新兴行业的崛起也推动了课程内容的灵活调整，确保学生在快速变化的市场中始终保持竞争力。课程设计必须关注行业动态，以便与时俱进地满足学生的学习需求。

为实现课程内容与行业特点的有效结合，教育机构应建立动态调整机制，根据行业实际需求和发展趋势定期更新课程内容。这不仅能满足当前市场的就业要求，还能为学生提供未来职业发展所需的关键竞争力，从而更好地推动职业教育与行业需求的深度融合。

（二）行业专家在课程开发中的作用

行业专家在课程开发中的重要性不容忽视，其丰富的行业经验和对职业发展的深刻洞察为课程设计提供了宝贵的支持。通过行业专家的参与，课程内容能够更加贴近实际工作场景，确保学生在校期间学习到的知识和技能符合市场的最新需求。专家带来的行业知识和技能要求，使课程内容更具实用性与前瞻性。

行业专家的加入有助于提高课程设计的权威性和精准度。能够为教师提供关于行业需求的及时反馈，帮助教学内容始终保持对市场需求的敏感性。行业专家的专业意见还可以提升课程的可操作性，使学生在学习中能够直接接触到行业前沿技能，缩短学校教育与职场实际之间的距离。这种协作确保了课程在理论与实践之间的平衡。

为了最大程度发挥行业专家的作用，学校应构建与企业合作的机制，邀请专家参与课程设计、教学实践以及教材的开发。定期举办行业研讨会或校企合作项目，能够为课程注入更为丰富的行业元素。这样的合作不仅提升了课程质量，还为学生提供了更接近真实职场的学习体验，帮助更快适应未来职业角色的要求。

（三）行业背景融入课堂的途径

将行业背景融入课堂能够显著提升教学的实用性与趣味性，帮助学生更好地理解知识在工作中的实际应用。课堂教学中，通过引入实际的行业案例、模拟职场情境和采用项目式学习等方式，使学生可以更直观地了解课程内容与职业实践之间的联系。这种教学方法让课堂更加生动，进一步激发学生的学习兴趣。

行业背景融入课堂的具体实现方式包括引入实际案例、深化校企合作以及组织实习实训活动。通过引入行业中的成功案例，学生可以学习如何分析实际问题并寻找解决方案，提升其逻辑思维与实际操作能力。校企合作则为学生提供了在真实工作环境中锻炼的机会，通过企业参与，学生能够更早地接触行业规范与工作标准。

为了确保行业背景与课堂教学的有机结合，教师在教学设计中需要充分考虑行业需求。在语文课堂中，教师可以通过情境教学，让学生扮演职场角色并完成相关任务，从而将理论与实践无缝对接。这样不仅使学生在课堂上获得更全面的学习体验，还为他们未来适应职业生涯的多变需求奠定了坚实基础。

四、教学内容的适应性调整

在职业教育中，教学内容需要根据学生的学习进度、行业变化及社会需求进行灵活调整。教学内容的适应性调整有助于提升教育的实用性和学生的综合能力。探讨教学内容的动态更新机制、根据学生需求调整教学目标以及适应行业需求的教学案例开发，能够为学生提供更加精准和实用的教育。

（一）教学内容的动态更新机制

教学内容的动态更新机制能够确保课程内容与社会需求和技术进步保持高度同步。行业和技术的快速发展对职业教育提出了更高要求，教学内容需要根据这些变化进行及时调整，方能保证课程的实用性和前瞻性。动态更新机制的存在，为学生学习体验的优化和就业能力的提升提供了重要保障，使课程能够始终贴近市场需求。

这一机制包含了定期评估与反馈的流程。教师通过持续追踪行业动态和市场趋势，结合教学实际情况，对教材与教学方法进行调整，确保内容与时俱进。现代信息技术的运用进一步提升了更新速度，通过大数据分析，教学内容能够精准对接行业最新变化。这一机制不仅能够提高教学内容的效率，还能为学生提供符合时代要求的技能与知识。

动态更新机制的实施体现了教学理念的全面革新。这种灵活的调整方式，使教学内容不仅局限于知识的简单更新，还能围绕实际需求设计出更具现实价值的课程方案。这一机制通过动态适应不断提高学习效果，为学生提供与市场高度契合的知识储备和能力训练。

（二）根据学生需求调整教学目标

教学目标应围绕学生的实际需求进行科学设定，使其学习过程中能够获得最有价值的知识与能力。不同学生在起点、学习能力和职业规划方面存在显著差异，教学目标的个性化调整能够帮助每位学生在其学习轨迹中实现最大的价值提升。教师需深入分析学生的学习状态，并结合其未来发展方向制定针对性的教学目标。

随着教育改革的深入推进，学生对学习的多样化需求日益增长。教学目标的调整能够直接回应这些需求，通过收集学生的反馈信息，教师可以动态调整课程重点。教学目标在设计时需兼顾基础知识与应用能力，确保课程既能满足学生基础素养的全面发展，又能培养其解决实际问题的能力，从而真正实现职业教育的高效目标。

这种基于学生需求的灵活调整机制使教学目标更加贴近学生实际，为提高学习兴趣与课堂参与度提供了有力支持。通过科学设定的教学目标，学生在课程学习中能够更加专注于适合自己的内容，从而有效提升学习效果和职业适应能力，为未来的职场发展奠定坚实的基础。

（三）适应行业需求的教学案例开发

教学案例开发是课程内容与行业实际相结合的关键环节，能够通过构建实践情境帮助学生更深刻理解知识的应用价值。根据行业特点设计教学案例，可以更有效地提升学生的操作能力和职业素养，使其具备应对复杂工作场景的综合能力。教师在开发案例时，需要从行业现状和职业需求出发，设计出具有指导性和实践性的内容。

教学案例必须紧密围绕行业的最新发展进行设计，确保学生在学习过程中能够掌握前沿技能。通过实际工作场景的再现，学生可以直接将课堂学习的理论知识与实际问题解决相结合。这种案例教学尤其适用于技术密集型和服务导向型行业，在课堂实践中进一步强化学生对行业要求的理解能力和应变能力。

为了使案例开发更加精准，教育机构需要建立与企业的长期合作机制。通过定期收集企业实际工作任务和案例，将其转化为课堂教学的素材，可以使课程内容更加贴近行业需求。这种基于行业的案例开发，不仅提升了学生的职业能力，还增强了其就业竞争力，为快速适应市场环境做好全面准备。

第二节　项目式学习的实施

一、项目选择与设计

在中职教育中，项目式学习作为一种教学方法，可以有效提高学生的实际操作能力和综合素养。通过项目选择与设计，学生能够更好地理解课堂知识在实际工作中的应用。合理的项目设计不仅可以帮助学生掌握职业技能，还能增强其解决实际问题的能力。探讨项目主题的确定原则、设计符合职业需求的项目任务以及项目内容与学习目标的对接，有助于优化教学方法和提升教育效果。

（一）项目主题的确定原则

项目主题的确定是实施项目式学习的重要环节，也是学生职业能力培养的基础。合理的项目主题需要综合考虑学生的实际需求和行业背景，确保主题能够促进学生职业技能的提高，并帮助其全面提升综合素养。项目主题应具备现实意义，与行业需求保持高度契合，确保学生在完成项目的过程中积累有价值的实践经验。

主题选择需要兼顾学生的兴趣和学习能力，避免设置过于复杂或超出学生专业领域的内容。合适的项目主题不仅能够激发学生的学习热情，还能使其在实际操作中发挥潜力，提高学习动力。通过精心挑选与职业发展紧密相关的主题，学生能够在学习过程中更有针对性地掌握关键技能，为未来职业生涯做好充分准备。

项目主题的选择应聚焦于实际操作经验的积累和未来就业的促进作用。关注行业发展趋势与技术进步，选择前沿性、实用性强的主题，能够让学生在项目实践中接受锻炼，提升适应工作环境变化的能力。这种方式将项目主题与职业发展相结合，为学生打下扎实的实践基础。

（二）设计符合职业需求的项目任务

设计符合职业需求的项目任务是项目式学习的核心环节，有助于学生在实践中提升职业素养和实际操作能力。项目任务需要基于行业和岗位需求，结合最新的发展趋势进行合理制定。任务的难度需要经过精心设计，既要能够挑战学生的能力边界，又要确保学生能够顺利完成，以培养其解决实际问题的能力。

项目任务设计应强调职业技能的整合应用，使学生能够将学科知识与实际工作任务相结合。在项目实践中，学生需要灵活运用理论知识，同时完成与岗位需求相关的问题解决，这一过程能够有效提升其综合能力。具有挑战性和实用性的任务能使学生从中受益，在完成任务时逐步掌握高效工作的思维模式和职业技能。

任务的制定还应充分考虑学生的就业方向，使学习内容能够直接为岗位需求服务。通过结合行业需求设计任务，能够让学生在毕业后更具职业竞争力，并快速适应工作环境。精心设计的项目任务使学生获得与行业匹配的能力，为其职业发展提供坚实保障。

（三）项目内容与学习目标的对接

项目内容与学习目标的有效对接是项目式学习取得成效的重要前提，确保学生在完成项目的同时能够实现课程的核心目标。项目内容应紧密围绕课程目标展开，使学生通过参与实践，不仅能够掌握知识与技能，还能在项目的每个阶段实现既定的学习成果。

在对接过程中，需要关注项目内容对职业技能和学生综合素质提升的双重作用。教师在设计项目时，应确保内容涵盖职业技能与基础知识，同时设置贴近实际工作环境的情境。通过真实的任务情境，学生能够在完成项目时充分提升职业素养与实践能力，为未来的工作积累宝贵经验。

实现对接的重点在于内容的实用性与项目任务的科学性。合理设计的项目任务应能够全面检验学生知识的应用能力，帮助学生在实践中深化对课堂内容的理解，并提高其应对真实工作挑战的水平。这种从课堂到实践的无缝连接，能够帮助学生为职业发展打下稳固的基础。

二、实施步骤与过程管理

在项目式学习的实施过程中，合理的步骤与过程管理对于项目的顺利进行至关重要。从项目实施前的准备工作到项目进程的监控与调整，每个环节的精心安排和有效管理都能确保教学目标的达成。分析项目实施前的准备工作、过程中的分工与管理以及进程的监控与调整，有助于优化项目的实施效果，提升学生的学习体验和项目成果。

（一）项目实施前的准备工作

项目实施前的准备工作对于项目的顺利开展和最终成果的质量起着决定性作用。完善的准备工作应涵盖明确项目目标、规划任务分配以及准备所需资源等内容。教师需要与学生深入讨论项目目标，确保项目的核心任务与学习目标高度契合，并能够帮助学生在实践中提升操作能力、职业素养以及团队协作能力。通过详细的前期规划，学生能够更清楚地理解项目要求，为后续的实施做好心理和技能层面的准备。

准备阶段中，所需教学资源的全面性尤为关键。教学工具、技术支持平台、案例资料等配套资源需要在项目实施前完成准备，这样可以提升整体的执行效率，避免因资源不足而影响进度。学生也需要在准备阶段了解项目任务的具体要求，通过预习和自我补充学习，为实际项目操作打下坚实基础。教师的指导和检查作用十分重要，能够帮助学生精准把握项目的方向和重点内容。

充分的前期准备不仅是项目成功的保障，还为教学目标的达成奠定了基础。在这一阶段，教师与学生之间的充分沟通和协作尤为重要。明确分工和责任分配，帮助每位学生熟悉自己的任务和职责，从而在后续实施阶段能够高效协作、全力投入，确保项目目标得以实现。

（二）项目过程中的分工与管理

项目实施过程中的分工与管理是推动项目顺利进行的核心环节。科学合理的分工不仅能优化团队成员的工作效率，还能帮助学生在项目中承担具体角色，提升其责任意识和团队合作能力。教师需要根据学生的兴趣、特长以及学习能力分配任务，确保每位学生都能在项目中贡献自身价值，真正体验团队合作的实质意义。

在项目实施的过程中，任务分配之后的协调与管理至关重要。团队中的每位成员应当拥有合理的工作负荷，避免出现任务分配过重或过轻的情况。教师应持续关注学生之间的沟通协调，通过指导和支持帮助团队克服执行中的障碍。通过明确任务时间节点和阶段目标，团队成员可以更有条理地推进项目，从而提高整体效率和执行质量。

分工与管理的有效执行能够确保项目进展顺利，并显著增强学生的团队协作能力。在项目进行中，教师应定期检查每位学生的任务完成情况，通过实时反馈调整分工策略，以应对项目中的突发问题。合理的管理方式不仅能够确保项目按时完成，还能让学生积累更多宝贵的团队合作经验，提升其实践能力和职业素养。

（三）项目进程的监控与调整

项目进程的监控与动态调整是保证项目按照既定计划高质量完成的关键。通过科学的监控机制，能够确保每项任务按时推进，避免出现滞后或遗漏现象。教师应定期检查每组的工作进展，根据阶段性目标进行评估，并通过有效的干预措施确保项目方向不偏离计划。学生在此过程中能够获得持续的指导，提高执行能力和应对复杂任务的灵活性。

进程监控不仅需要关注任务的完成时间，还应重视任务完成的质量。通过阶段性评估，教师可以及时发现项目中的问题，并通过指导和调整帮助学生优化解决方案，进一步提升项目质量。教师在监控过程中应通过定期反馈让学生明确任务的要求，同时提供必要的资源和技术支持，使整个项目过程更加高效有序。

动态调整是项目监控的重要组成部分。通过及时调整项目计划和任务分工，可以帮助学生解决在实施过程中遇到的实际问题。在这一过程中，学生通过面对问题、解决问题，能够不断提高其逻辑思维能力与实践操作技能。完善的监控和调整机制不仅能够确保项目目标的实现，还能为学生创造更加丰富的学习体验，有效提升教学成果与学生的职业能力。（见表 2-1）

表 2-1　项目进程监控与调整机制

监控与调整环节	具体目标	教师角色	学生收获
阶段性目标检查	确保任务按计划推进，及时发现偏差	定期检查项目进展，评估完成情况	明确任务要求，增强时间管理能力
问题识别与反馈	发现项目实施中的问题，提高解决方案质量	提供针对性反馈，指导优化项目执行策略	提升问题解决能力，优化任务执行方法
动态调整任务分工	应对突发问题，确保项目按时高效完成	重新分配资源与任务，调整项目计划	提高灵活应对能力，增强团队协作意识
资源与技术支持	确保学生获取必要的工具和信息	提供工具、资源和技术帮助	增强实践能力，提升项目完成质量
反思与优化建议	总结经验，为后续任务执行提供改进方向	指导学生进行阶段性反思并提出改进建议	增强逻辑思维与总结能力，提高执行效率

三、学生参与与责任感

学生在项目式学习中的参与程度和责任感直接影响到项目的成功与学生个人能力的提升。项目的实施不仅需要学生具备实际操作的能力，还需增强其对任务的责任意识。在项目过程中，明确学生的角色定位、培养其责任感及平衡团队合作与个人成长，对教学效果的提升至关重要。

（一）学生在项目中的角色定位

在项目式学习中，学生的角色定位是实现团队高效协作和任务分配的关键环节。教师在项目初期需明确每位学生的具体任务与责任，使学生能够理解自身角色的重要性。学生不仅仅是任务的执行者，更是团队中的协调者与参与决策的核心成员，其作用直接关系到项目的整体进展和质量。清晰的角色定位可以让每位学生在团队中找到适合自己的定位，从而更好地参与项目。

角色定位应充分考虑学生的兴趣、能力和特长，确保每位学生都能在团队中发挥最大潜力。通过合理分配任务，学生能够更加聚焦于适合自己的工作领域，这不仅提高了团队协作效率，还为学生在专业技能和创新能力上的发展创造了条件。角色定位的精准性可以让学生在实践中认识自身的优势，并通过实际工作增强信心，提升工作能力。

明确的角色定位还有助于增强学生的责任感和团队意识。学生能够在清晰的职责框架下集中精力完成分配的任务，同时通过团队合作提升沟通技巧和协调能力。这种实践经验为学生职业素养的培养提供了坚实的基础，使其在团队合作与个人能力提升中均能受益。

（二）责任感培养的方法与策略

责任感的培养是项目式学习中不可或缺的一部分，对学生职业素养的形成具有深远影响。通过制定清晰的目标、合理的时间安排以及严格的成果标准，可以有效提升学生的责任意识，使其更加积极主动地投入任务中。目标明确的任务不仅能激发学生的责任感，还能培养其在高压环境下的任务管理能力。

课堂内外的反馈与评价是强化责任感的重要方式。教师应在项目实施过程中定期检查学生的工作进度，并通过具体的反馈帮助学生认识到其任务的重要性。在面对问题时，教师需要提供及时指导，让学生在克服困难中逐渐意识到责任的意义。设定奖励机制鼓励责任心强的学生，以形成积极的榜样效应。

除了教师的指导，学生自身的自我管理能力也是责任感培养的关键因素。在任务执行中，学生需要通过制定个人计划和目标进行有效管理，同时利用团队中的监督机制实现自我激励。通过亲身经历任务的完成过程，学生能够深刻体会到自身工作对团队的影响，从而内化责任意识。这不仅对个人发展有益，还为团队的成功提供了保障。

（三）团队合作与个人成长的平衡

团队合作与个人成长的平衡是项目式学习中需要重点关注的问题。团队合作要求每位学生承担个人任务的同时，与团队成员协同工作，实现共同目标。在这一过程中，学生通过分工合作提升团队效率，同时学会协调资源和解决冲突的技巧。这种合作体验对学生职业发展起到了实践性的指导作用。

在项目实施中，团队合作与个人成长并不是相互对立的，而是可以相互促进的。学生在完成团队任务时，不仅要专注于自身的工作，还需要与团队分享经验与资源，互相支持，从而提升解决问题的能力。这种合作模式能够帮助学生开阔视野，锻炼其沟通与协调能力，为未来的职业发展提供多方面的素养。

个人成长同样应被重视。学生在团队中不仅仅是任务的执行者，更是能力提升的主体。在完成项目任务的过程中，学生应有机会展示个人才华，并通过教师和团队的反馈不断改进。团队合作与个人成长的平衡能够让学生在项目中获得全方位的发展，使其具备协作精神和独立解决问题的能力，为未来的职业生涯奠定良好基础。

四、学习效果的评估

有效的学习效果评估能够帮助教师了解学生在项目式学习中的进展，发现问题并进行及时调整。学习评估不仅仅是对学生知识掌握情况的检测，更是提升教学质量的重要工具。探讨项目成果的展示与评价、过程性评估与总结性评估结合，以及评估结果对教学改进的反馈，有助于构建一个科学、全面的学习评估体系。

（一）项目成果的展示与评价

项目成果的展示与评价是对学生学习效果进行有效反馈的重要环节。通过展示，学生能够清晰地了解自己的任务完成情况，并展示项目的实际成果。评价则依据项目目标和任务要求进行，帮助学生从多维度理解其工作的质量和价值。项目成果的展示不仅能够鼓励学生展示自己的努力，还能在展示过程中反思自己的学习过程。

展示项目成果的方式应多样化，可以通过口头报告、书面汇报或通过数字平台进行。这些方式能够综合展示学生的表达能力、沟通能力及对项目的理解程度。评价时应注重细化标准，不仅考虑项目的最终成果，还要关注学生在项目过程中的表现，包括解决问题的能力、团队协作情况等方面。

有效的项目成果展示与评价能为学生提供有价值的反馈，帮助认识到自己的优缺点。通过这种方式，学生不仅能够增强自信，还能在反思中找出不足，明确改进方向。这一过程对于学生的成长具有重要意义，也能促进教师教学方法的优化和完善。

（二）过程性评估与总结性评估结合

过程性评估与总结性评估的结合，能够全面评价学生在项目学习中的表现。过程性评估关注学生在整个项目实施过程中的进展与问题，强调即时反馈和调整。总结性评估则是在项目结束后，对学生整体表现进行的全面评估，主要以学生最终成果为基础。结合这两种评估方式，能够确保学生的学习得到全面反馈和精准指导。

过程性评估能够帮助教师及时识别学生在学习中的困难，并进行针对性的帮助。通过定期检查学生的任务进展和阶段性成果，教师能够快速调整教学策略，确保学生在项目中保持正确的方向。总结性评估则着眼于最终成果，综合评价学生在项目中的综合能力和职业素养。两者的结合能够帮助教师更全面地了解学生的成长与不足。

通过过程性评估和总结性评估的结合，学生能够在每个阶段都获得有针对性的反馈。这不仅有助于学生提升当下的学习效果，还为其长期发展提供了方向。教师可根据这些评估结果调整教学重点，进一步提升教学质量，帮助学生取得更好的成绩。

（三）评估结果对教学改进的反馈

评估结果对教学改进的反馈是教育过程中不可忽视的环节。有效的评估结果不仅能够帮助学生自我反思，还能为教师提供调整教学内容和方法的依据。教师通过分析评估结果，能够发现项目实施中存在的不足，进而对教学策略进行有针对性的改进。评估结果为教学提供了反馈循环，促进了教育质量的提升。

评估结果还能够揭示教学内容与学生需求之间的差距，帮助教师发现课程设计中的盲点。教师可以根据学生在项目中的表现，及时调整教学目标、任务内容及评估标准，使得教学更加贴合学生的实际需求和职业目标。有效的反馈机制能够促进教师不断优化教学策略，提升课堂教学的实用性和针对性。

对教学改进的反馈应当是系统性的，教师需要定期总结评估结果并进行教学调整。这种基于评估结果的反馈机制不仅能够提升教学质量，还能为学生提供更多的学习支持。通过这种方式，教学活动得以在实践中持续改进，促进学生不断进步。

第三节　情境教学的应用

一、情境创设的原则

情境创设在教学中是提升学生参与度和学习效果的重要手段。精心设计的教学情境能够激发学生的学习兴趣，帮助更好地理解和掌握知识。情境创设的原则包括情境设计的真实性与贴近性、与教学目标的契合以及情境要素的多样化与趣味性，这些原则的有效应用将使课堂教学更加生动和具有实用性。

（一）情境设计的真实性与贴近性

情境设计的真实性与贴近性是保证情境创设在教学中发挥作用的重要基础。情境不仅要真实再现生活和工作中的实际场景，还要让学生在学习过程中感受到与现实世界的紧密联系。只有具备真实性的情境，才能帮助学生有效理解所学知识在现实中的应用价值，进而激发学习动机，提高学习的兴趣和积极性。

为增强情境的真实性，教师需要结合学生的背景和兴趣精心设计场景内容。模拟实际工作环境中的任务和挑战，能够让学生在沉浸式的学习中体会到解决问题的真实过程。情境设计必须贴近学生的生活实际或未来职业需求，使学习内容更具针对性和实用性，帮助学生快速建立与知识点之间的联系，从而提高学习效果。

贴近学生需求的情境设计不仅增强了学习体验，还提升了学生在实际应用中的能力。通过真实情境的训练，学生能够在仿真的职业场景中进行知识实践，这种学习方式将进一步提升其问题解决能力和实践经验。有效的情境设计为课堂教学的实用性和针对性提供了强有力的保障。

（二）情境创设与教学目标的契合

情境创设的核心是与教学目标的紧密契合，确保每个教学情境都能够服务于特定的学习目标。情境不仅要提升课堂趣味性，还应成为实现教学目标的有效工具。通过情境创设，让学生在解决实际问题的过程中达成课程目标，不仅能够深化对知识点的理解，还能提升运用能力。

情境的设计需要围绕课程内容和学生能力水平进行精准规划。通过模拟真实场景中的问题，学生能够在参与情境的同时掌握核心知识点，并加深对课程内容的记忆。教学情境的设计还应符合教学目标的层次性，从基础到深入逐步推进，使学生在情境的参与中循序渐进地实现教学目标，增强教学的针对性与系统性。

为了确保情境创设能够与教学目标保持一致，教师需要在教学设计阶段精确规划每个环节，明确学习目标与情境内容的关系。在教学过程中，教师还应根据学生的反馈适时调整教学策略，优化情境的呈现方式。通过这一动态调整的方式，可以有效确保情境创设与目标的一致性，从而提升学生的学习效果和教学质量。

（三）情境要素的多样化与趣味性

情境要素的多样化与趣味性是调动学生学习积极性、提升课堂参与度的关键。多样化的情境设计能够丰富课堂互动形式，让学生在多元化的场景中全身心参与学习。情境设计可以结合角色扮演、情景模拟和实际案例等元素，通过灵活的组合增强课堂的生动性和吸引力，帮助学生更好地投入学习中。

趣味性是情境设计的重要特质，能够显著提升学生的学习兴趣。通过设计具有挑战性的互动任务和新颖的学习情境，教师能够激发学生主动思考和积极参与的热情。多样化情境设计还能够帮助学生在不同场景中锻炼多方面能力，如逻辑分析、团队协作和创新能力，从而全面提升综合素质。

课堂中的趣味性不仅仅是增加课堂吸引力的手段，更是一种促进深度学习的方式。教师在设计情境时，应融入一定的挑战性和复杂性，激发学生的创造性思维与解决问题的能力。多样化的情境设计为学生提供了多维度的学习体验，既提升了课堂参与感，又能更好地促进知识与技能的掌握，实现更高效的教学效果。

二、课堂活动的设计

课堂活动的设计是提升教学效果、激发学生学习兴趣的重要手段。精心设计的课堂活动能够使学生在轻松的氛围中深入理解课程内容，增强实际操作能力和团队合作精神。设计基于情境的任务型活动、创新活动形式的多样性及对活动效果的评估与调整，能够确保教学目标的实现并推动学生能力的提升。

（一）基于情境的任务型活动设计

基于情境的任务型活动设计是将知识应用于实际问题的一种有效方式。通过模拟生活和工作中的实际情境，学生能够在完成任务的过程中将理论知识转化为实践能力。这种活动不仅能帮助学生理解和巩固学到的知识，还能提高实际操作能力和解决复杂问题的能力。在任务驱动的学习模式下，学生的学习过程更加主动，能够从实际挑战中获得更多的经验和技能。

情境任务型活动的设计应充分考虑学生的生活背景和职业发展方向，确保任务与学生的兴趣和需求相符合。这样设计的活动能够激发学生的兴趣和责任感，使他们在面对任务时更加投入。任务本身应具备一定的挑战性，促使学生在任务执行过程中进行探索和创新。通过这些任务，学生不仅能够学到书本知识，还能提高团队协作、问题解决等多方面的能力。

这种基于情境的任务型活动设计的核心目标是提升学生的综合素质，包括实际操作能力、创新思维、团队合作和沟通能力。通过精心设计的任务，学生能够在模拟的真实情境中锻炼和发展这些技能，为未来的职业生涯做好准备。活动不仅加强了学生的实践能力，还使他们在完成任务过程中形成更深刻的学习体验和职场适应能力。

（二）活动形式的创新与多样化

活动形式的创新与多样化是提升学生学习兴趣和课堂互动性的重要途径。传统的课堂教学形式往往容易导致学生的学习兴趣下降，课堂气氛也较为沉闷。通过引入创新的活动形式，如小组合作、角色扮演、辩论等，能够激发学生的主动性和创造性，使课堂教学更加生动和多元。创新的活动形式能够调动学生的积极性，促使他们更主动地参与到课堂中，发挥自己的想法和创意。

活动形式的创新应根据教学内容和学生的特点进行灵活调整。在语文教学中，通过情景剧演绎或创意写作等形式，学生可以更好地理解和表现文学作品的深层含义。通过这种形式，学生不仅能将抽象的知识具体化，还能在过程中锻炼其表达能力和创造思维。不同形式的活动也能培养学生的合作精神，增加团队意识，让学生在与他人互动中汲取更多的思考和学习经验。

通过多样化的活动形式，课堂教学能够避免单一化的模式，促进学生的全面发展。教师可以根据学生的兴趣和学习需求设计不同的活动形式，使每个学生都能在合适的情境中找到适合自己的学习方式。这不仅能提高学生的学习效率，还有助于提高综合能力和跨领域的知识应用能力。创新与多样化的活动形式让课堂变得更加有趣和富有成效，进一步提升了教学质量。

（三）活动效果的评估与调整

评估活动效果是确保教学目标实现的重要环节，能够帮助教师及时掌握学生的学习情况。活动效果的评估不仅要关注学生的知识掌握程度，还需要综合考虑学生的实际应用能力、团队合作表现以及创新思维的展现。通过全面的评估，教师能够准确了解每个学生的学习进展，从而进行有针对性的教学调整。

在评估活动效果时，教师可以采用多种方式进行反馈，如课堂观察、问卷调查、学生自评等。这些评估方式能够帮助教师全面了解学生在活动中的参与情况和学习成果。通过学生的反馈，教师还可以识别课堂活动中的问题，发现哪些方面的设计不够有效，进而进行优化调整。定期的活动评估能够为教师提供有价值的改进依据，从而确保课堂活动不断提升学生的学习效果。

持续的评估与调整能够帮助教师不断改进教学活动，提高课堂的教学质量。通过分析学生的反馈，教师可以及时调整活动内容和形式，使其更加符合学生的学习需求。不断优化的活动设计能够帮助学生更好地掌握知识和技能，提升其在学习过程中的自主性和创新性，从而推动学生在各方面能力的提升，最终达到预期的教学目标。

三、实际生活中的语言应用

语言学习应与实际生活紧密结合，以帮助学生更好地将所学知识应用于现实场景中。将语言能力融入职业和日常生活的实际需求中，能够提升学生的语言实践能力，增强其职场竞争力。开发生活化教学内容、结合语言学习与职业生涯以及情境化评估语言应用能力，是提升语言学习质量的关键。

（一）生活化教学内容的开发

生活化教学内容能够帮助学生将语言学习与实际生活需求紧密联系，使课堂学习不再局限于抽象的语言规则，而是与学生日常生活和未来职业场景相结合。生活化内容的设计应基于学生的实际经历和兴趣，以此为基础，设计相关的学习任务，让学生在解决实际问题的过程中提高语言应用能力。

教学内容应从学生的生活场景出发，融入真实的语言表达需求，如购物、就医、面试等日常活动。这种设计能够帮助学生理解语言的实际功能和重要性，激发学习动机，提升学习兴趣。生活化教学内容能够促进学生语言的自发使用和灵活表达，增强其在真实情境中的语言适应力。

生活化教学内容的开发应注重灵活性和针对性。教师可以通过实际案例、情境模拟等方式，帮助学生更好地理解语言与生活之间的关系，确保学生能够将课堂知识迅速转化为实际能力。通过这种方式，学生能够更加主动和自信地使用语言，提升其综合能力。

（二）语言学习与职业生涯的结合点

语言学习与职业生活的结合点是培养学生职场语言能力的关键。职业生活中，语言不仅是沟通工具，还是解决问题、表达观点和展现专业能力的桥梁。语言教学应通过引入职业场景的实际案例，帮助学生掌握与工作相关的语言技能，如商务交流、报告写作、客户沟通等，以提高学生在职场中的竞争力。

教师可以设计与职业生涯相关的情境任务，让学生模拟实际工作中的语言使用场景。这些任务不仅能够帮助学生提高专业语言能力，还能锻炼其在职场中的沟通与协作能力。在这一过程中，学生的语言能力得到实用性的提升，能够直接适应未来的工作环境。

语言学习与职业生涯的结合还能够帮助学生理解语言的多功能性。在工作中，语言表达既要精确又要得体，学生在掌握日常交流的同时，还需学会如何应对专业性较强的语言场合。通过课程内容与职业生活的对接，学生能够在课堂中学会如何将语言与实际工作需求结合，从而在职场中表现得更加出色。

（三）语言应用能力的情境化评估

语言应用能力的情境化评估是对学生语言技能的真实考核，能够有效检测学生在实际工作和生活中运用语言的能力。这种评估方式不仅注重学生对语言知识的掌握，还关注其语言运用的灵活性与实用性。情境化评估通过模拟真实情境和任务，帮助学生展现其在工作和生活中实际应用语言的能力。

评估过程中，可以采用角色扮演、案例分析等形式，让学生在特定场景中进行语言表达和沟通。这种评估方式能够让教师直观了解学生在复杂情境中的语言表现，同时激励学生主动思考和应对不同的语言挑战。通过情境化评估，教师能够更好地把握学生的语言水平，并针对其不足之处提供有针对性的指导。

情境化评估的关键在于与学生的实际需求和未来职业紧密结合。评估结果不仅能够帮助学生识别自己在语言应用中的优势与短板，还能够为教学调整提供参考依据。通过这种方式，教学效果得以有效反馈，并为学生的语言能力提升提供指导，最终帮助更好地适应未来的职场生活。

四、学生自主学习的激励

激发学生自主学习的兴趣和能力，是提高学习效率和教学效果的关键。自主学习能够培养学生的独立思考和解决问题的能力，从而增强其未来的职业竞争力。激励学生自主学习的策略、培养自主学习能力的方式及通过情境提升学习内驱力的实施，能够促进学生的全面发展和持续进步。

（一）激发学生自主学习兴趣的策略

激发学生自主学习兴趣是促进学习动力的核心环节，直接影响其学习效果和长期发展。兴趣是学生学习的最大驱动力，教师在制定教学策略时需充分考虑学生的兴趣点和需求。设计与学生兴趣密切相关的学习任务是提高学习主动性的有效方法。通过项目式学习、情境教学和小组讨论等互动性强的方式，将学习内容与学生的实际生活和职业需求相结合，让学生从中找到学习的乐趣和意义。

教学内容设计应以学生的生活经验和职业发展需求为出发点，结合具体的行业案例和实际工作情境，激发学生对职业技能的兴趣。这种将知识与实践相联系的方式，能够帮助学生认识到学习的价值和应用性，提升学习的积极性和持续性。学生在学习过程中感受到所学内容对未来职业的直接影响，更容易主动投入时间和精力，增强学习成效。

教师可以通过适度的挑战和激励措施，进一步增强学生的学习兴趣。通过设定合理且富有挑战性的目标，辅以适当的奖励机制和及时的反馈，让学生感受到成就感和自我提升的动力。鼓励学生尝试探索新的学习领域，培养其创新能力和学习热情，使自主学习成为一种内在习惯，从而实现更高水平的学习效果。

（二）自主学习能力的培养与指导

培养学生的自主学习能力是提升其综合素质和独立解决问题能力的关键所在。这种能力要求学生能够独立管理学习过程，合理安排时间并有效利用资源，从而在学习中获得最大化的收益。教师需要从学生的自我管理、计划制定以及学习资源的合理利用等方面入手，帮助其逐步养成良好的学习习惯和方法，为未来发展奠定坚实基础。

在教学中应鼓励学生进行自我评估并设定个性化学习目标。教师可以指导学生制定科学合理的学习计划，帮助其将学习任务分解成可执行的步骤。通过这种方式，学生能够更清楚地掌握学习进度，并根据任务的完成情况随时调整学习策略。定期的反馈和针对性指导，不仅能帮助学生发现问题，还能强化其独立思考能力和自我监控意识，从而提高整体学习效率。

自主学习能力的培养还需注重内驱力和自律性的提升。教师可以通过设计具有挑战性但可实现的学习任务，激励学生在不断尝试中突破自我。让学生主动承担责任，参与课题研究或解决实际问题，不仅提升了学习能力，还增强了其自信心和探索精神。通过这种实践与指导的结合，学生能够逐步形成自主学习的习惯和能力，实现长期的自我提升和发展。（见表 2–2）

表 2–2　自主学习能力培养策略与效果分析

培养策略	具体实施方式	预期效果
自我管理能力的培养	指导学生制定科学的学习计划，分解任务并合理安排学习时间	学生能够高效规划学习进度，提升时间管理和任务执行能力
目标设定与自我评估	鼓励学生设定个性化学习目标并进行定期自我反思和评估	学生能清楚掌握学习进展，不断调整策略以优化学习效率
资源利用能力的提升	教授学生查找、筛选和利用学习资源的方法，提供技术和工具支持	学生能够独立寻找解决问题的途径，增强自主学习能力
任务挑战与内驱力激发	设计有挑战性的任务，引导学生完成具有实际意义的项目和课题研究	学生的创新能力和自律性得到提升，自信心和探索精神增强
反馈与个性化指导	提供定期反馈和针对性建议，帮助学生发现问题并指导改进策略	学生能够更快纠正错误，逐步形成稳定的学习习惯和方法

（三）利用情境提升学生学习内驱力

利用情境教学提升学生的学习内驱力，是激发学生学习兴趣和主动性的有效策略。情境教学通过将学习内容融入实际生活或职业情境，使学生在解决真实问题的过程中，感受到学习的价值和意义。学生能够在模拟的现实环境中，将所学知识与实际需求结合起来，从而增强学习的实用性和目标感。

情境化的学习能够让学生在真实或模拟的工作环境中实践语言和知识的应用。通过设计模拟商务谈判、新闻写作或行业报告撰写等任务，学生能够体验到知识在职业场景中的实际价值。这种体验不仅改变了以往学习为考试而学的观念，还使学习的过程更加贴近现实需求，帮助学生为未来的职业生涯做好充分准备。情境教学的实践性能够显著增强学生的学习动力，使其更加专注投入。

设计有效的教学情境需要教师充分了解学生的需求和学习目标。通过让学生在情境中扮演不同角色，如职场沟通者、团队协调者或问题解决者，学生能够在实践中锻炼综合能力。情境任务还可通过设置层层递进的难度，培养学生的创新思维和解决复杂问题的能力。通过这种情境驱动的学习模式，学生能够逐步增强自主学习的内在动机，形成积极进取的学习态度和更强的职业适应能力。

第四节　现代信息技术的融入

一、数字化教学工具的选择

随着信息技术的不断发展，数字化教学工具成为现代教育中不可或缺的一部分。特别是在中职语文教学中，合理选择和应用这些工具，能够提升课堂互动性和教学效果。分析语文教学工具的类型与功能、适合中职教学的工具筛选标准，以及这些工具对教学效果的影响，有助于优化教学资源配置，增强教学质量。

（一）语文教学工具的类型与功能

语文教学工具种类繁多，各具不同的功能。常见的工具包括文字处理软件、学习管理系统（LMS）、多媒体演示工具以及在线课堂平台等。这些工具不仅可以辅助教学内容的展示，还能提高学生的学习参与度和互动性。通过这些工具，教师能够更有效地组织课堂内容，学生能够在不同的学习环境中获得即时反馈。

文字处理软件如 Microsoft Word 和 Google Docs，能够帮助学生进行写作和编辑，通过批注和共享功能，教师能够及时提供个性化的写作指导。学习管理系统（LMS）则通过在线平台，帮助教师管理学生作业、跟踪学习进度和进行在线测评。多媒体演示工具则提供了丰富的教学资源，通过图像、音频和视频等形式，使课堂内容更加生动、易于理解。

这些工具的功能远远超出了传统教学的范畴，它们通过技术的支持，使得教学内容更加多样化，课堂互动更加灵活，极大地提高了学习效率和学生的学习兴趣。数字化教学工具的合理运用，能为学生创造更多的学习机会和实践环境，从而全面提升学生的语文能力。

（二）适合中职教学的工具筛选标准

选择适合中职教学的数字化工具，必须考虑其教学需求、学生基础以及课程特点等因素。中职教育强调技能培养和实际操作，数字化工具的选择应着重于其功能的实用性、易用性和可操作性。工具应能帮助学生在短时间内掌握并应用知识，且具备可定制和个性化学习的功能。

适合中职语文教学的工具应具备互动性强、易于操作，并能够支持多种教学活动的特性。在线教学平台应具有多元化的内容展示功能，支持文本、音频、视频等多种形式，方便教师设计和组织课堂活动。工具的界面设计应简洁明了，以便学生快速上手，避免过多复杂的操作流程干扰学习。

这些工具还应具备跟踪学习进度和进行即时评估的能力。通过数据分析和学习报告，教师能够实时了解学生的学习情况，调整教学策略。选择合适的数字化工具，不仅能够提升教学效率，还能帮助学生根据自身的学习节奏进行有效学习，充分发挥工具在提升教育质量中的作用。

（三）工具的使用对教学效果的影响

数字化教学工具的有效使用能够显著提高教学效果。通过这些工具，教师不仅能够更加便捷地进行课堂管理，还能在教学中加入更多互动元素，激发学生的学习兴趣。互动性强的工具有助于建立学生与教师之间的紧密联系，增强课堂的参与感和互动性，从而促进学生更好地理解和掌握知识。

利用数字化工具，教师能够实现个性化教学，针对不同学生的学习需求，设计差异化的学习内容和任务。这种灵活性能够满足学生的多元化学习需求，提高学生的自主学习能力。数字化工具还能够为学生提供即时反馈，帮助学生及时纠正错误，增强其学习信心。

数字化工具的合理使用，能够显著提升课堂教学的效率和质量。通过提高学生的参与度和互动性，教学内容能够更加生动和多样化，使学生在轻松愉快的学习环境中获取知识，增强其学习动机和成就感，从而推动语文教学向更高质量发展。

二、线上学习平台的构建

线上学习平台在现代教育中扮演着越来越重要的角色，尤其是在语文教学中，平台不仅能扩展学习空间，还能丰富教学内容。构建一个高效的线上平台，能够为学生提供自主学习的机会，帮助教师更好地管理教学任务。探讨线上平台在语文教学中的作用、平台功能设计与使用方法以及线上平台的师生互动效果，有助于提升教学质量和学生的学习体验。

（一）线上平台在语文教学中的作用

线上学习平台在语文教学中的作用越来越重要，尤其是在提高学生的自主学习能力和拓展学习资源方面具有突出的优势。平台提供了灵活的学习方式，学生可以根据自己的学习进度和兴趣，随时访问课程内容、进行复习、提交作业或参与互动，极大地提升了学习的自主性和灵活性。学生可以在不受课堂限制的环境中，掌握语文学科的核心知识，提高学习效率。

线上平台为学生提供了丰富的学习资源，超越了传统教材的局限性。教师可以在平台上上传课件、音频、视频等多媒体资料，学生可以根据需要选择合适的资源进行学习。平台还支持各类互动工具，学生能够在平台上进行课后研究、发表自己的见解、参与讨论，甚至与教师进行一对一的在线交流。这些丰富的学习资源有助于学生加深对知识的理解，扩展知识面。

通过线上平台，语文教学的互动性得到了显著提升。学生不仅能够随时提问，还能在平台上参与课堂之外的讨论，和同学们共同探讨问题，打破了传统课堂上师生单向传递信息的局限。平台能够实时跟踪学生的学习情况，提供数据支持，帮助教师根据学生的反馈调整教学策略，以确保教学内容能够精准地满足学生的学习需求。

（二）平台功能设计与使用方法

线上平台的功能设计应围绕语文教学的核心目标与学生的学习需求展开，确保每项功能都能够有效促进教学活动。平台应具备基本的课程管理、作业提交、学习进度跟踪和互动交流等功能。这些功能有助于教师管理学生的学习进程，并及时给予反馈。为了增强平台的教学效果，还可以增加视频讲解、在线测评、资源分享等扩展功能，帮助学生更全面地掌握知识。

平台的使用方法应便于师生快速上手，操作界面应简洁明了，确保用户能够在最短的时间内熟悉平台的使用流程。教师可以通过平台布置作业、发布任务、进行在线测试等；学生则可以随时查看课程内容、参与讨论和提交作业。平台的设计不仅要注重功能的丰富性，还要考虑用户体验，确保操作流程流畅无阻，避免过于复杂的功能干扰学习过程。

为了充分发挥线上平台的最大效益，教师需要提供必要的培训和引导，帮助学生熟悉平台的使用方法。通过定期举办线上培训课程，或者为学生提供详细的使用指南，教师可以确保学生能够灵活地使用平台，提升其学习效率和学习成果。有效的指导不仅能帮助学生掌握平台的基本功能，还能引导他们发掘平台的潜力，达到最佳学习效果。

（三）线上平台的师生互动效果

线上平台在促进师生互动方面具有显著优势，特别是在突破时间和空间限制后，它能够增强教学的互动性。平台为教师提供了多个互动功能，如在线讨论、留言板、实时问答等，让教师能够与学生进行实时互动，及时解答学生疑问并提供反馈。这种即时互动机制，能够帮助学生更好地理解课程内容，同时也增强了他们对课程的兴趣和参与感。

通过平台学生能够更主动地与教师进行交流，讨论不仅仅局限于课堂内的提问。学生可以随时通过平台继续与教师进行沟通，解决学习中遇到的问题。教师也可以通过平台进行针对性反馈，根据学生的学习情况调整教学策略，确保学生在课后能够得到充分的支持。即时反馈的机制提高了学习的针对性和灵活性，有助于学生在实际学习过程中克服困难，保持学习动力。

平台不仅促进了师生之间的互动，还为学生提供了与同伴互动的机会。通过讨论区、小组合作等功能，学生能够与其他同学分享学习经验、讨论课程内容，深化对知识的理解。这种同伴之间的互动不仅能够提高学生的集体意识，还有助于提升合作精神和团队协作能力。通过多维度的互动，学生能够在更广阔的视野中提高自己的学习效果，进一步激发学习兴趣和动力。

三、混合式教学模式的探索

混合式教学模式结合了传统的课堂教学和现代网络教学，旨在利用两者的优势提升教育效果。通过线上和线下的有效结合，混合式教学可以为学生提供更灵活的学习方式，帮助更好地掌握知识。分析混合式教学模式的内涵与优势、线上线下教学内容的衔接方法以及实践案例分析，有助于进一步推动教学改革和提升教育质量。

（一）混合式教学模式的内涵与优势

混合式教学模式的核心理念是将传统的面对面课堂教学与在线学习相结合，从而提供更加灵活和个性化的学习体验。这种模式突破了时间和空间的局限，既能够满足学生的自主学习需求，还能够确保学生在课堂内与教师及同学进行深度互动，促进知识的理解与思维的碰撞。通过线上和线下的有机结合，学生在享受自主学习的同时，也能获取课堂互动带来的深层次思考和反馈。

混合式教学模式的主要优势在于其灵活性和适应性。通过线上和线下教学的结合，学生可以根据自己的学习节奏和兴趣选择适合的学习方式，而教师则可以利用线上平台进行个性化教学。线上部分的自主学习提供了丰富的资源和多样的学习方式，学生能够在自己的节奏下掌握知识；而线下课堂则注重对知识的深化，通过师生互动、案例讨论等形式进一步激发学生的思考和实践能力。

这一模式的另一个显著优势是教学内容的多元化和教学形式的创新。线上部分可以根据教学需要灵活调整学习资源，如视频课程、阅读材料、互动任务等，增强课堂的生动性和吸引力；线下部分则注重互动、实践和反馈，通过小组讨论、角色扮演、实验等方式促进学生更深入的理解。通过线上与线下的结合，学生能够在全面的学习体验中获得更高效的学习成果，进一步提升其自主学习的能力和主动性。

（二）线上线下教学内容的衔接方法

线上与线下教学内容的衔接是混合式教学成功实施的关键之一。为了确保两者能够有效结合，教师需要精心设计课程内容和活动，确保线上学习和线下课堂教学的有机融合。在线学习部分应注重基础知识的传授和理论的学习，而线下课堂则通过讨论、实践、答疑等方式进一步加深学生的理解，帮助学生更好地应用所学的知识。

在课程设计上，衔接方法的优化至关重要。教师可以通过在线学习平台发布课程前的预习资料、视频讲解等内容，帮助学生提前做好准备。课堂上则通过针对性复习、问题讨论等方式，帮助学生消化和巩固线上学习的内容。通过这种线上与线下的衔接，学生不仅能够强化对基础知识的理解，还能将理论与实际结合，提升其综合素质和实践能力。

有效的衔接方法还离不开技术平台的支持。学习管理系统（LMS）等平台能够为教师和学生提供及时的教学反馈和评估，帮助学生在课前通过线上学习进行知识积累，为线下课堂活动做好充分准备。教师可以通过平台获取学生的学习进度和反馈，灵活调整教学策略和内容。线上和线下的结合，能够更好地提高学生的学习效率，同时为教师提供更多的教学灵活性和空间。

（三）混合式教学的实践案例分析

实践案例展示了混合式教学在不同学科中的成功应用，证明了其在提高教学效果和学生参与度方面的有效性。在一些中职语文课程中，教师利用在线平台提供的预习材料、视频讲解和在线讨论等功能，帮助学生在课前自主学习。学生在课后进入线下课堂，通过讨论、案例分析和小组合作等形式，深入理解课程内容并强化应用能力。这种线上与线下结合的教学方式有效促进了学生的学习兴趣和参与度。

以某职业院校的混合式语文教学为例，学生通过线上平台完成了基础知识的学习和知识点复习后，课堂时间用于进行小组合作、角色扮演等互动活动。这种教学模式既提高了学生对语文知识的兴趣，又增强了他们将知识应用到实际情境中的能力。线上学习让学生能够随时掌握基础知识，而线下课堂则让学生通过实践和互动加深对知识的理解和运用。

混合式教学的成功实施，不仅体现在教学内容的丰富性和多样性上，还体现在教学方法的创新性。通过分析具体的实践案例，可以看到这一教学模式如何有效激发学生的学习动力，提升课堂参与感。教师能够根据学生的学习进度和反馈调整教学策略，确保每个学生都能在多元化的教学环境中获得最佳学习效果。

四、技术对学习效果的影响

技术在现代教育中的广泛应用深刻地影响着学生的学习行为和教学效果。随着教育技术的不断发展，教师和学生都能通过多种技术手段提升教学效率和学习效果。分析技术使用对学生学习行为的影响、教学效果评估中的技术辅助，以及技术在个性化教学中的应用，有助于深入理解技术对教育的积极作用。

（一）技术使用对学生学习行为的影响

技术的应用深刻改变了学生的学习行为，使其从传统的被动接受者转变为主动学习的参与者。学生可以通过互联网、在线平台和多媒体资源，自主选择学习材料、学习时间和学习方式，这种自主性显著提高了学习积极性和参与感。技术打破了时空的限制，为学生提供了随时随地学习的机会，极大地提高了学习的灵活性和自由度。

随着学习工具的不断发展，学生在课外学习和复习时能够利用各种在线资源进行知识查找和问题解答，学习行为变得更加自主和个性化。这种变化促进了学生学习的深入和广泛，使他们能够根据自己的节奏和兴趣进行探索。技术的引入还促使学生之间的互动性增强，通过线上讨论和协作，学生在团队中共同解决问题，提升了其协作能力和创新思维。

技术还改变了学生的学习方式，从依赖书本和传统讲授转向更富有互动和实践性的学习方式。通过虚拟实验、在线模拟等方式，学生能够在实践中应用所学知识，增加了动手能力和解决实际问题的能力。随着技术不断渗透到教学的各个层面，学生的学习方式更加多样化，提升了综合能力和知识的实际应用能力。

（二）教学效果评估中的技术辅助

技术辅助的教学效果评估为教育领域带来了革新，它为教师提供了实时的数据分析和反馈，使教学调整更加精确。利用学习管理系统（LMS）和在线测评工具，教师能够全面跟踪学生的学习过程，实时评估学生的学习状态，并据此制定个性化的教学计划。这种数据驱动的评估方式，能够更客观、更精确地反映学生的学习进展。

技术辅助的评估工具不仅仅限于测验成绩，还能够通过分析学生的互动行为、作业提交情况、在线讨论参与度等多维度数据，全面了解学生的学习态度和参与情况。这些数据帮助教师识别学生的学习困难并及时提供支持，确保每个学生都能在合适的时间得到必要的帮助，提升其学习效果。

技术辅助的评估能够减少人为因素的干扰，提供更加客观、公正的评估结果。传统评估往往依赖教师的主观看法和工作量，技术则通过自动化和智能化的分析，为教学改进提供科学依据。通过这种方式，教学评估不仅更加高效，还能为教育决策提供更有力的支持，促进教育质量的不断提升。

（三）技术在个性化教学中的应用

技术在个性化教学中的应用使得教学更加符合学生的个体需求，帮助学生在自己的学习进度和兴趣范围内进行深入学习。通过数据分析和学习算法，教师可以了解每个学生的学习特点、优势和不足，从而为学生定制个性化的学习方案。这种个性化的教学方式，能够提升学生的学习效率和自主性，帮助学生最大限度地发挥潜力。

个性化教学不仅限于课程内容的调整，还包括学习方法和评估方式的个性化。技术工具可以根据学生的学习行为和反馈，实时调整学习内容和任务安排，确保学生在学习过程中始终保持适当的挑战性和支持。通过这种灵活的调整，学生能够在适合自己的节奏下进行学习，从而提高学习成效。

技术的应用还能够帮助教师更加精准地实施分层教学，根据学生的实际能力和需求分配不同难度的任务和资源。这不仅能满足学生多样化的学习需求，还能帮助教师高效管理不同能力层次的学生，确保每个学生都能在最合适的教学方式下得到发展。技术在个性化教学中的深入应用，为学生的个性化学习提供了强有力的支持，推动了教育的均衡发展。

第三章　教师专业发展的路径

第一节　教师角色与素养要求

一、现代中职教师的定位

在当代职业教育中，中职教师的角色定位发生了显著变化。随着社会需求和教育环境的变化，中职教师不仅仅是知识的传授者，还肩负着学生全面发展的责任。分析职业教育中的教师角色转变、教师在学生成长中的关键作用以及新时代中职教师的职业使命，有助于明确教师的责任和使命，提升教育质量。

（一）职业教育中的教师角色转变

在传统的职业教育中，教师更多承担传授专业知识和技能的任务。随着教育理念的更新和技术的发展，教师的角色逐渐从知识的传递者转变为学生发展的引导者和支持者。教师不仅要教授理论和技能，还需要帮助学生形成正确的职业价值观，培养其创新思维和团队合作能力。

教师的角色转变要求其具备更加多元化的专业能力。不仅要具备扎实的专业知识，还应熟悉行业发展动态和社会需求，能够灵活调整教学内容，满足学生和行业的需求。教师还需扮演学习的促进者和评估者，通过多种教学手段激发学生的学习兴趣，培养其自主学习的能力。

这种角色转变对教师的职业素养提出了更高要求，教师需要不断适应教育的变化和发展，提升自身的综合素质。教师应通过不断学习和实践，提升自身的教学能力和沟通技巧，成为学生成长道路上的积极引导者。

（二）教师在学生成长中的关键作用

教师在学生成长中的作用不仅仅限于知识的传授，更重要的是帮助学生建立正确的职业认知和人生目标。教师通过课堂教学、个别辅导和职业指导，帮助学生发现自己的潜力，激发兴趣，培养其解决问题和应对挑战的能力。教师的言传身教对学生的价值观和职业素养有着深远的影响。

在学生成长的过程中，教师不仅是知识的提供者，还扮演着学生心理辅导员和职业生涯规划师的角色。教师通过与学生的沟通，了解需求和困惑，给予心理上的支持和指导，帮助学生调整心态、树立自信，并引导为自己的职业发展做出明智决策。

教师的影响力是深远且持久的。在学生的职业成长过程中，教师通过引导和启发，帮助形成自我认知，明确未来的职业方向。这一过程中的每一次指导和鼓励，都有成为学生走向成功的重要因素。教师的作用在学生成长中至关重要，直接影响到学生的职业发展和人生道路。

（三）新时代中职教师的职业使命

新时代中职教师的职业使命不仅仅是传授技能，还包括培养学生的综合素质和职业素养。随着社会的发展和经济结构的变化，中职教育的重点逐渐转向了提升学生的实践能力和创新能力。教师应积极融入这一变化，成为学生职业能力和创新思维的培养者。

在新时代的背景下，教师的使命更加多元化。中职教师不仅需要传授专业知识，还需帮助学生培养跨学科的知识体系，培养其适应社会变革和技术发展的能力。教师应注重培养学生的自主学习和终身学习的能力，帮助为未来的职业生涯做好全面准备。

新时代中职教师的职业使命还包括推动教育公平和培养具有社会责任感的公民。教师应通过教学促进学生的全面发展，不仅注重学术成绩的提高，还要关注学生的思想道德、社会实践等方面的成长。教师的每一项教学活动，都承载着培

养学生未来发展潜力的重要使命。（见表 3-1）

表 3-1　新时代中职教师职业使命的核心内容与具体体现

核心职业使命	具体体现
培养综合素质与职业素养	在教学中注重学生实践能力、创新能力的培养，推动学生职业能力全面发展
跨学科知识体系的建设	通过整合多学科知识，引导学生适应社会技术发展需求，提升跨领域解决问题的能力
终身学习能力的塑造	设计课程和活动，培养学生独立学习的习惯和探索精神，为其未来的职业生涯提供可持续的学习能力支持
教育公平的推动	提供均等的学习机会，帮助不同背景的学生实现个人价值，促进社会教育资源的公平分配
社会责任感的培养	在教学中融入社会实践活动，引导学生关注社会问题，增强其公民意识和社会责任感

二、语言能力与专业技能

在职业教育中，语言能力与专业技能的紧密结合对学生的全面发展至关重要。教师不仅需要具备良好的语言教学能力，还应了解如何将语言与专业技能有机融合，以便更好地传授知识。深入探讨语言教学能力的核心要求、专业技能与职业教育的融合以及提升教师语言能力的策略，有助于提高教学质量和学生综合素养。

（一）语言教学能力的核心要求

语言教学能力不仅仅局限于语言知识的传授，教师还需要具备一系列有效的教学方法和技巧。这些能力帮助教师在教学过程中更好地引导学生，确保语言的正确使用。教师需要清晰表达、良好组织语言，并能灵活调整教学策略，以适应不同学生的需求，帮助学生在不同情境下有效运用语言。教师还应具备良好的课堂管理能力，以保持良好的学习氛围。

在语言教学中，教师需要根据学生的语言水平、学习需求和认知差异灵活调整教学方法。对于基础较弱的学生，应注重语言基础知识的讲解，并通过情境模拟、互动练习等方式加强学生的实际应用能力。而对于有一定基础的学生，教师应设计更具挑战性的任务，以提高学生的语言综合运用能力，鼓励学生进行更高层次的思维和表达。

教师的语言教学能力还体现在评估学生语言能力的技巧上。通过科学合理的评估机制，教师能及时了解学生的进步和不足，进而调整教学内容。评估不仅应关注学生的语言表达和理解能力，还应综合考察其在实际情境中的语言应用能力，确保学生的全面提升，帮助他们更好地掌握语言技能。

（二）专业技能与职业教育的融合

专业技能与语言能力的融合是职业教育中的核心环节，尤其是在中职教育领域，语言教学不仅是知识的传递，还是对学生未来职业生涯的能力培养。教师应将职业背景、行业案例和语言教学结合起来，帮助学生将所学的语言技能应用于实际工作中。通过此融合，学生能够更加深入地理解与专业相关的语言需求，提升其在职场上的沟通和表达能力。

语言与专业技能的结合要求教师对各行业、各职业所需的语言应用情境有深入了解。商务谈判、客户沟通、技术报告等场景对语言能力的要求各不相同。教师应设计与学生所学专业相关的任务，如模拟面试、项目汇报、商业提案等，帮助学生在实践中掌握与专业相关的语言运用技巧，提高其实际操作能力。

这种融合能够显著提升学生的综合素质，不仅让学生掌握专业技能，还能学会如何在工作中灵活运用语言。在职业教育中，学生不仅学习行业知识和技能，还能培养与职业相关的语言能力，使其在未来职场中具备更强的竞争力，打下坚实的职业基础。

（三）提升教师语言能力的策略

教师语言能力的提升对教学质量有着直接的影响，提升语言教学能力不仅有助于教师自身的成长，还能为学生提供更高质量的教学体验。教师可以通过多种渠道进行学习，参加专业培训、语言学习课程等，获取新的教学理念和技巧，提升语言表达能力。教师应利用现有教学资源，不断探索新的教学方法，提升课堂表现力。

实践是提升语言教学能力的关键。教师应通过不断地进行课堂教学和课后反思，发现并改进自己在语言教学中的不足。与同行进行交流和合作也是教师成长的重要途径。通过集体备课、教学观摩等活动，教师可以向他人学习经验，吸取教训，进一步完善自己的教学技巧。

教师还应注重学生反馈和自我评估。在教学过程中，及时收集学生对教学的意见和建议，了解他们在学习过程中遇到的困难和需求。教师根据学生反馈调整教学方法，并根据自身的教学实践进行反思和改进。通过这种不断地循环反馈，教师能够不断提升自己的语言教学能力，从而更好地服务学生，提高教学效果。

三、教育理念的更新

教育理念的更新是推动教育改革与发展的重要力量。随着时代的变迁和社会需求的变化，教育理念不断经历着深化与拓展。现代教育理念的更新不仅影响教师的教学实践，还为中职教育的进一步发展提供了理论支持。深入分析现代教育理念对教师的影响、中职教育理念的时代要求以及理念更新的路径，有助于教育工作者更好地适应教育改革，提高教学质量。

（一）现代教育理念对教师的影响

现代教育理念的引入，使教师的角色发生了深刻变化。传统上，教师是知识的传递者，而现代教育理念强调教师更多地作为学习的引导者与支持者。在这种理念下，教师的教学不再单纯依赖教材内容，而是根据学生的兴趣和个体差异，灵活设计教学活动。这一转变要求教师具备更高的敏感度，能够及时捕捉到学生的需求，并加以调整教学方法。

随着教育理念的更新，教师应注重学生思维能力的培养，特别是批判性思维和创新能力。教师不仅要传授知识，还要通过多样化的教学策略鼓励学生主动探索，提升学生的自主学习能力和问题解决能力。教师需要为学生提供足够的实践机会，让他们在真实情境中学习如何运用所学知识。这种理念对教师的专业素养和教学技能提出了更高的要求，教师不仅要具备学科知识，还要具备更广泛的教育学和心理学知识。

教育理念的更新对教师的职业素养也提出了更高要求。教师不仅需要具备深厚的学科知识，还要不断提升自身的教学设计与管理能力。在现代教育理念的指导下，教师要学会灵活调整教学策略，兼顾学生的学习进度与兴趣，创造适合个体发展的学习环境。这种转变意味着教师需保持不断学习的态度，适应新形势下的教育需求，并以此提升教育质量和教学效果。

（二）中职教育理念的时代要求

随着社会经济的发展与产业结构的变化，中职教育的理念也迎来了转型。在过去中职教育侧重于传授职业技能，但随着时代的进步，社会对中职教育的要求发生了变化。现代中职教育不仅仅是为了培养技术型人才，更多的是要培养具备创新精神和跨领域能力的复合型人才。新时期的中职教育理念要求教师不仅要传授专业技能，还应培养学生的综合素质，使学生在未来的职业生涯中能够更好地适应快速变化的社会环境。

中职教育的目标不应仅局限于技能的培养，更多应注重学生的综合能力和创新能力。教学设计应更多融入行业的前沿知识和实践内容，帮助学生将所学技能与实际工作紧密结合。学生的团队协作能力和沟通能力也应成为课程的重要组成部分，以便学生能在未来的职业环境中高效合作，解决复杂问题。

为了适应这一转型，中职教育应更加关注学生的社会责任感与职业道德培养。学生的职业素养不仅仅取决于其技术水平，还应体现在其对职业道德的理解与社会责任感的体现。教育理念的更新要求教师与课程内容紧密对接社会发展和市场需求，确保学生不仅能够掌握高技术能力，还能适应快速变化的职场环境，具备良好的职业素养与社会责任感。

（三）实践中理念更新的路径

教育理念的更新必须通过实践来落实。在教学过程中，教师应不断反思和调整自己的教学方法，注重教学的创新与改进。教师可以通过项目式学习、情境教学等方式，让学生在真实的情境中操作与思考，进而加深对知识的理解。通过这种方式，教师能够培养学生的实际动手能力与创新思维，帮助他们在面对复杂问题时有更强的解决能力。

现代教育理念强调个性化与差异化的教学，教师可以利用信息技术与网络平台，为学生提供更为丰富和个性化的学习资源。在线课程、虚拟实验等形式的使用，不仅能满足不同学生的学习需求，还能激发学生的学习兴趣。通过线上线下结合、课堂与实践相结合，教师能够为学生提供更加灵活的学习模式，帮助他们在不同的学习环境中获得更多的实践经验。

理念更新的推进，除了教师的自我努力，还需要教育管理者和政策制定者的支持。教师的职业发展应得到充分重视，应为其提供充足的培训机会，帮助其掌握新的教育理念和教学方法。教育管理者应加强对教育改革的推动，制定相应的政策措施，确保教师能够得到持续的教育和专业发展支持。通过教育体制的不断创新与完善，教师的教育理念才能得到有效更新，从而更好地服务学生，为学生的全面发展提供更强的支持。

四、职业道德与责任感

职业道德与责任感是教育工作者在日常教学中不可忽视的重要方面，它们直接影响着教育质量和学生的成长。教师在履行教学职责时，不仅需要具备专业知识和技能，还应具备高度的职业道德和责任感。深入分析职业道德的内涵与标准、责任感在教育中的体现以及教师道德建设的长效机制，有助于提升教师的职业素养，推动教育事业的可持续发展。

（一）职业道德的内涵与标准

职业道德作为教师教育行为的规范体系，是教师应遵循的一系列行为准则。它不仅要求教师具备扎实的专业能力，还要求其在教学中始终坚持教育伦理，保持良好的职业操守。职业道德要求教师关注学生的全面发展，在传授知识的同时，培养学生的独立思考和社会责任感。教师应树立正确的教育价值观，关爱每一个学生，尊重个性差异，保护学生的合法权益。

教师职业道德的核心标准包括诚实守信、公正无私、尊重学生、严谨治学等基本要求。教师应言传身教，以身作则，展现出高尚的人格魅力，树立榜样。尤其在教学过程中，教师应保持学术诚信，确保不抄袭、不作弊，坚决杜绝一切学术不端行为，以维护教育的公平与公正。

良好的职业道德不仅保障教师的个人发展，还为教育质量的提升奠定基础。只有教师严格要求自己，秉持道德标准，才能在教学中帮助学生树立正确的世界观、人生观和价值观。不仅有助于学生的全面发展，还能为社会培养更多有良好道德品质和社会责任感的优秀人才。

（二）责任感在教育中的体现

教师的责任感在教育中占据着至关重要的地位，直接影响学生的成长和教育质量。教师不仅要关注知识的传授，还要关注学生的心理健康、思想道德和行为规范。责任感要求教师关心每个学生的成长，帮助学生发掘自身潜力，并在其教育旅程中提供持续的支持与指导。

责任感还体现在教师的教育态度和行为上。教师应具备对教育事业的高度热忱与坚定信念，秉持公正、公平的原则，确保每个学生都能在平等的环境中获得学习机会。教师应随时关注学生的学习进度、心理变化和生活状态，及时为他们解决在学习和生活中遇到的问题，帮助他们克服困境，不断提高学习效果。

教师的责任感同样包括自身职业生涯的不断进步和发展。教师应持续学习、更新教育理念与教学方法，提升专业水平。教师不仅要履行好当下的教学任务，还要致力于教育事业的长远发展，为教育质量的提升作出贡献，推动教育体系的不断进步。

（三）教师道德建设的长效机制

教师道德建设是一项长期的、系统的任务，必须通过构建长效机制加以保障。建立这一机制需要从教师的招聘、培养、评估等各个环节入手，确保职业道德的要求贯穿始终。教育主管部门应制定明确的职业道德标准，并通过定期的培训、考核和评审来强化道德建设，促进教师道德素养的持续提升。

除了外部的监督机制，教师的道德建设还依赖于教师自身的自我修养与道德自律。教师应定期进行自我反思，评估自身的职业行为和教学实践，发现并改正存在的问题。学校应为教师提供一个积极向上的职业发展平台，激励教师不断提升自我，发挥职业榜样作用。职业道德教育应贯穿教师的整个职业生涯，帮助教师养成良好的职业习惯，形成高尚的道德风范。

通过建立健全的道德评估和激励机制，可以有效推动教师在教学中严格遵守职业道德规范。教育机构和管理部门应提供必要的支持，保障教师的权益，同时通过激励措施鼓励教师在教学岗位上追求卓越。通过不断完善教育体制和政策，教师的职业道德建设可以实现长效发展，从而为教育事业的健康成长奠定基础。

第二节　教师培训与发展机制

一、现有培训体系的评估

中职教师的专业素养和教学能力直接影响学生的培养质量。教师的培训体系是提升教育质量的核心要素。评估当前的中职教师培训现状、分析培训体系中存在的问题与不足，并探讨培训体系的改进方向，对于提升教师的专业水平和教学效果具有重要意义。

（一）中职教师培训现状的分析

中职教师的培训体系在一定程度上满足了基础教育的需求，但随着教育形势的变化，培训的内容和形式亟需优化。大部分培训依旧侧重传统的知识讲授和理论研究，忽视了对实际教学能力的提升。部分培训过于注重形式，缺乏针对性和实效性，难以真正提高教师的实际教学水平。

尽管培训体系中涉及了一些现代教育技术的应用，技术培训的深度和广度仍显不足。很多中职教师的培训内容过于理论化，缺乏与实际工作密切相关的应用场景。为了提升培训的实用性和针对性，必须更好地融入实践操作和行业需求，帮助教师更好地适应现代教育环境。

中职教师培训面临的问题之一是培训方式过于单一。传统的集中式培训往往难以满足教师个性化发展的需求，缺乏灵活性和针对性。为了更好地提升教师的专业能力，培训内容需要与中职教育的实际需求紧密结合，以提升其可操作性和实践性。

（二）培训体系存在的问题与不足

中职教师培训体系存在的一大问题是缺乏系统性与持续性。尽管教师们参加了培训，但往往难以将所学知识和技能有效转化为课堂上的实际能力。许多培训课程与教学实践脱节，无法在实际课堂中起到直接的帮助作用。尤其是培训内容侧重于基础理论的讲解，缺少对教师实际教学方法、课堂管理、学生心理调节等方面能力的培养。教师在短期培训结束后，往往难以找到将所学内容应用于课堂教学的途径，导致培训效果未能充分发挥。

培训资源的不均衡也是制约培训体系发展的重要问题。城乡、区域之间的教育资源差距使得一些地区的中职教师在培训方面处于劣势，尤其是偏远地区的教师，培训机会有限，质量不一。这导致了不同地区教师的教育水平参差不齐，部分教师无法及时掌握现代教育技术和教学方法，从而影响了其教学能力和教学质量的提升。长期下来，这种资源差距会导致中职教育体系的不平衡发展，进而影响整体教育水平的提升。

培训评估机制的不足也是一大问题。现有培训多采用简单的满意度调查进行评估，这样的评估方式往往不能全面反映培训的实际效果。教师对培训内容的满意程度并不能真实反映其在实际教学中的应用情况，也难以评估教师的教学能力和学生的学习效果。缺乏科学有效的后续评估，导致培训效果无法得到持续跟踪和改进，影响了培训体系的优化与长远效果。

（二）评估培训体系的改进方向

为提升中职教师的教学水平，培训体系需要更加注重内容的多元化和实践性。培训课程应紧密结合中职教育的实际需求，重点帮助教师解决教学中遇到的实际问题。特别是教学方法、课堂管理技巧以及教育心理学等内容，应成为培训的核心。课程设计应让教师能在实际教学中运用所学的知识和技能，使其提升的能力能够直接反映在日常教学中。培训内容应不断更新，结合现代教育的最新发展趋势，确保教师始终能够跟上时代的步伐。

改进培训体系还需要强化培训的系统性与持续性。培训不应仅限于集中性的短期学习，而应当成为教师职业发展的常态化部分。定期开展系统化的培训，建立长效机制，帮助教师在不同发展阶段持续提升教学能力。培训计划应根据教师的实际需求进行个性化设计，避免“通用化”培训模式，确保每一位教师都能从培训中受益。培训应注重教师对最新教育技术的掌握和教学理念的更新，帮助他们不断优化自己的教学方式。

在评估机制方面，建立科学合理的评估体系至关重要。培训后的评估应基于教师在实际课堂中的表现及学生的学习成果，而不仅仅依赖于简单的自我评价或满意度调查。可以通过课堂观察、教学示范、学生反馈等多维度方式进行评估，确保评估结果的全面性和准确性。通过建立持续的评估和反馈机制，培训体系能够不断改进和优化，提升培训质量和实际效果，最终实现教师教学能力的持续提升。

二、培训内容的多样化

中职教师培训内容的多样化是提升教师能力的关键所在。培训内容不仅应关注基础知识和技能的传授，还需涵盖教学方法、教育理念等多方面内容，以促进教师的全面发展。针对性培训课程设计、多元化培训内容探索以及培训效果的监测与优化，有助于实现教师培训的高效和持续改进。

（一）针对性培训课程的设计

针对性培训课程的设计应根据教师的不同教学需求和职业发展阶段量身定制。教师所教授的学科和年级层次各异，其培训需求也具有显著差异。培训课程的内容应根据教师的具体需求进行针对性规划，确保所学知识和技能在教学实践中发挥最大效用。课程设计应围绕教师实际的教学任务展开，解决他们在课堂教学中遇到的各种问题，如课程设计、教学方法、学生管理等。

培训内容应更加注重教师专业素养的提升，尤其是教学能力的全面发展。某些课程可以专门针对提升课堂互动、增强学生兴趣和参与度等方面进行设计。通过这些课程，教师可以在实际教学中调整自己的教学方式，使课堂更加生动、富有吸引力，从而提高学生的学习效果。培训课程应注重实际应用，帮助教师将所学内容转化为具体的教学策略，切实提升课堂质量。

定制化的培训课程能够使教师更有效地提高专业技能，且能更好地适应教育教学的实际需求。通过针对性的课程设计，教师可以在较短的时间内掌握必要的知识和技能，进而提升其教学水平。精准的课程安排将帮助教师实现个人职业发展的同时，也为学生提供更优质的教育，最终实现教育质量的提高。

（二）多元化培训内容的探索

多元化的培训内容有助于全面提升教师的职业能力，不仅局限于教学技能的提升，还应涵盖教育理念、心理素质、沟通技巧等多个领域。教师不仅需要掌握专业的教学方法，还应具备较强的团队协作能力、班级管理能力和良好的职业道德。通过跨学科的培训内容，教师能够拓宽视野，丰富其在教育领域的综合素养，适应多变的教育环境。

培训内容的多样化应紧密结合教师的职业发展需求，探索新的教学理念和方法，尤其是信息技术在教学中的应用。在线教学的培训、教育心理学的实际运用、课堂管理技巧以及学生心理疏导等内容，都应成为培训的重点。教师通过这些多元化的课程，不仅可以增强自己的教学能力，还能更好地理解和满足学生的个性化需求，从而提升教学效果和教育质量。

多元化培训内容不仅能激发教师的学习兴趣和热情，还能帮助教师适应不断变化的教育环境。通过提供丰富的课程体系，教师能够拓宽知识面，提高教学质量。这种多元化的培训方式能够帮助教师全面提升自己的综合素质，为应对未来教育挑战奠定坚实基础。

（三）培训效果的监测与优化

培训效果的监测与优化是确保教师培训质量不断提升的重要步骤。定期评估与反馈机制能够为教育主管部门和培训机构提供有效的信息，帮助他们及时了解培训的实际成效。评估不仅仅是对教师学习成果的检验，还是对培训内容、形式、组织等各方面进行综合反馈的重要环节。

培训效果的监测应结合多维度的评估方式，如教师自我评估、同行评价和学生反馈等。这些评估方式可以全面了解教师在培训后应用所学知识的情况，及时发现问题并进行调整。通过这些反馈，教师能够更好地认识到自己在教学中的优劣势，从而进行有针对性的改进，提升自己的教学能力。

通过科学有效的监测与优化机制，培训效果可以不断得到改善和提升。定期对培训内容进行更新和调整，确保其紧跟教育发展的步伐，满足教师的学习需求。通过不断优化培训体系，可以帮助教师持续提升教学水平，最终为学生提供更高质量的教育，同时也推动整个教育体系的健康发展。

三、实践与理论的结合

在教师培训过程中，将实践与理论相结合，能够有效提升教师的综合素质和教学能力。理论为实践提供了指导，而实践则为理论提供了验证。注重实践教学能力的培养、理论知识与实践经验的联动以及教学案例的应用，能够帮助教师在实际教学中灵活运用所学知识，提高教学效果。

（一）实践教学能力的培养

实践教学能力的培养是教师培训中至关重要的一个方面。教师的教学能力不仅仅来源于对学科理论知识的掌握，更重要的是如何将这些理论应用到实际教学中。有效的实践教学不仅能帮助教师更好地理解教学方法，还能提升其课堂管理能力，增强教学内容的呈现技巧。实践教学应当是培训课程的核心组成部分，教师在模拟课堂、实地教学和教学反思过程中逐步完善自己的教学技能。

实践教学要求教师不仅掌握教学内容，还需学会应对课堂中的各种突发情况，如学生的情绪波动、课堂气氛的管理等。通过在实际教学中的不断试探，教师能够积累经验、发现自身不足，及时调整教学策略和方法，以适应学生的不同学习需求。课堂之外，教师还应学会与学生的互动，建立良好的师生关系，这对于教学效果有着直接的影响。

为了促进教师的实践教学能力提升，培训课程应加强对教学过程的观察与反馈。教师可以通过同行评议、课堂观察等方式获得及时的反馈，调整教学方法与策略，从而提高课堂的互动性与学生的参与感。有效的反馈机制能够帮助教师及时识别并纠正教学中的问题，逐步提升其整体教学能力。

（二）理论知识与实践经验的联动

理论知识与实践经验的有机结合是提升教学质量的关键所在。教师必须在教学实践中不断验证和深化理论知识，理论与实践应相辅相成。通过设计多种实践机会，教师能够在实际教学中将所学的理论知识转化为教学行动，提高教学效果。理论为教师提供了教学框架和方法，而实践则为理论提供了现实检验的场所，二者结合能够有效推动教师教学水平的提升。

教师掌握的理论知识使其在教学实践中具备明确的教学方向和策略。通过应用教育心理学、教学法等理论知识，教师能够设计更加科学和合理的教学方案，增强课堂活动的组织性和有效性。理论知识的应用还需借助实践经验来不断完善，通过对学生的观察和互动，教师能够更加灵活地调整自己的教学方法，以提高课堂的互动性和学生的参与度。

这种理论与实践的联动关系需要通过精心设计的培训课程来实现。培训应既包含理论知识的学习，又应注重实践能力的培养，确保教师在面对具体教学任务时，能够熟练地将理论知识转化为实践经验。通过不断的理论与实践相结合，教师既能增强自身的教育教学能力，又能在日常教学中不断创新和提升。

（三）教学案例在培训中的应用

教学案例的应用为教师提供了一个生动的学习平台，帮助教师在具体的情境中理解理论与实践的结合。通过案例教学，教师可以看到理论知识在实际教学中的具体应用，如何运用不同的教学方法应对课堂中的各种挑战。教学案例能够展现教师面对教学问题时如何做出决策，从而提升教师的教学思维和解决问题的能力。

教学案例不仅仅限于简单的理论分析，还包括通过具体情境进行反思与讨论。教师通过分析不同的教学案例，能够总结出解决课堂管理、学生互动、学科教学等方面问题的方法与技巧。案例教学帮助教师提高决策能力，促进其在教学中更加灵活地应用不同的教学策略，以提高课堂管理能力和学生学习效果。

在教师培训过程中，教学案例的使用不应局限于理论分析，还可以通过模拟教学场景进行动态演练。通过模拟教学，教师可以直接应用自己在案例中学到的策略和方法，验证其可行性，并在实践中不断改进。教学案例的灵活运用，使教师能够在实际情境中深化理论知识，提升其教学能力，最终实现更高质量的教学成果。

四、同行交流与合作

同行交流与合作是提升教师教学能力的重要途径。通过与其他教育工作者的交流，教师能够获得新的视角、方法和教学理念，这对个人专业发展具有深远的影响。校际交流的推动、同行合作在教育资源共享中的作用以及建立教师互助发展的合作机制，能够有效促进教学质量的提升，进而推动教育事业的可持续发展。

（一）校际交流促进教学能力提升

校际交流为教师提供了广阔的学习和提升平台，极大地促进了不同学校之间的教学资源和经验共享。在校际交流中，教师能够直接接触到其他学校的先进教学模式和方法，从中吸收和借鉴成功经验。这种跨校交流不仅开阔了教师的视野，还为教育实践中提供了新的思路，帮助教师在日常教学中创新和改进。通过对比和学习，教师能够更加清晰地认识到自身教学中的不足，从而针对性地进行优化。

这种交流还能够推动教学理念的更新，带来教学方法的改进。在交流中，教师会发现不同学校在应对相似教学问题时采用的独特解决策略，通过讨论和分享，能够启发教师的教学思维。学校之间的经验互补，能帮助教师更好地理解学生需求，设计更符合教育目标的教学方案。在课堂管理、课程设计以及教学活动组织方面，校际交流都能为教师提供极大的帮助，从而显著提高教学质量。

校际交流不仅推动了教师个人能力的提升，还能增强团队合作意识。通过探讨教学中的难点和热点问题，教师能够在合作中取长补短，形成相互促进的良好机制。跨校合作还能够拓宽教师的专业网络，促使学校教学团队整体水平提升。通过这样的互动和学习，教师能够更好地服务学生，而学校的教育质量也因此得以稳步提升。

（二）同行合作对教育资源的共享作用

同行之间的合作为教育资源的高效共享搭建了重要的桥梁。通过同行合作，教师能够互相分享课程资源、教学设计和课堂案例等多种教学材料，从而实现教育资源的最大化利用。这种资源共享方式不仅能提高教学效率，还能为教师提供丰富的教育思路，让其在课堂教学中尝试更多的创新方法。同行合作的深入开展有助于教学模式的优化，使得更多学生能够从中受益。

合作的价值不仅体现在资源共享上，还在于教师能够在合作中得到同行的支持和指导。教学中遇到的问题和难题，往往能够通过同行间的探讨找到更好的解决方案。同行合作不仅是物质资源的分享，还是教学智慧、教育理念的互相交流。在心理辅导、学生管理等方面的经验分享中，教师能够得到全面支持，从而更好地完成教育教学工作。

这种教育资源的共享为教师个人发展创造了机会，也推动了教育团队的整体进步。教师可以通过集体备课、联合授课等形式，提升教学内容的统一性和一致性。通过同行间的交流与合作，教学资源的利用效率得到了极大的提高，同时也为教师提供了相互学习和共同进步的平台。这种合作形式不仅促进了教育资源的充分利用，还推动了学校教育质量的全面提升。

（三）建立教师互助发展的合作机制

建立教师互助发展的合作机制，是促进教师专业成长的重要举措。这种机制为教师之间的交流与合作提供了稳定的平台，使教师能够在教学实践中互相支持，共同面对教育中的难题。通过互助机制，教师不仅可以分享教学经验，还能形成有序的知识传递链条，从而推动教师群体专业能力的整体提升。

互助合作机制应当强调教师间的相互协作和资源共享，不仅在学科教学中提供支持，还应拓展到职业发展、教学研究等领域。学校应积极为教师搭建支持体系，组织定期的研讨会、学术论坛和专业工作坊等活动，鼓励教师交流心得体会。在这种氛围下，教师能够更加积极地参与到集体学习中，形成良好的学术氛围和工作习惯。

互助机制不仅增强了教师团队的凝聚力，还提升了合作的意识和能力。教师在团队中的协作能够有效弥补个人能力的不足，集体智慧能够推动更优质的教学方案的形成。这种机制的实施，不仅能够帮助教师克服教学中的个人困难，还能推动教育团队共同成长，使学校的整体教学水平得到显著提升。通过这种互助合作，教师个人发展和学校整体进步都能够得到双赢的效果。

第三节　教师教学能力提升

一、教学方法的多样化

教学方法的多样化是提升课堂效率和学生学习兴趣的重要途径。随着教育理念的不断更新和技术的不断进步，传统的教学方式已经无法完全满足现代教育的需求。创新教学方法的引入、多样化教学方式的实施技巧以及教学方法优化的成功案例分析，能够帮助教师更好地适应新时代的教育要求，提升教育效果。

（一）创新教学方法的必要性

创新教学方法在当前教育环境中变得尤为重要，能够有效激发学生的学习兴趣和主动性。随着社会的发展和科技进步，学生的学习需求和方式发生了深刻变化，传统的单一讲授方式逐渐不能满足现代教育的要求。学生个性化、多样化的学习需求促使教育工作者必须探索更加灵活和富有创意的教学方法，以提高教学质量和效果。通过创新的教学方式，教师能够吸引学生的注意力，激发探索精神，进而提升学习效果。

创新教学方法不仅能够帮助学生更好地理解和掌握知识，还能培养他们解决实际问题的能力。案例分析、项目式学习和翻转课堂等方法，可以鼓励学生进行自主学习，探索问题的多种解决方案，从而提高综合素质。通过这些创新的方式，学生不仅仅是在被动接受知识，还能主动参与到教学过程中，增强批判性思维和创造性思维的能力。

为适应日新月异的教育需求，教师需要根据课程内容、学生的个性特点和教育目标来不断优化教学方法。通过将创新元素融入教学中，教师能够有效提高课堂互动性，确保教育质量的不断提升，并让学生在充满挑战的学习环境中得到更好的成长。

（二）多样化教学方法的实施技巧

多样化教学方法的实施要求教师根据学生的不同特点和具体教学目标来灵活选择合适的教学策略。教师应结合不同学科的特点以及学生的学习需求，运用多种教学手段，如讲授法、讨论法、合作学习和项目式学习等，以确保每个学生都能找到最适合自己的学习方式。多样化的教学方法不仅能丰富课堂内容，还能有效调动学生的学习积极性，使他们在多元的学习模式中获得全面发展。

通过多样化的教学方式，学生的学习体验变得更加丰富。运用多媒体和互联网技术，教师能够将抽象的概念和知识形象生动地呈现，激发学生的学习兴趣。借助视觉、听觉和动手操作等多种感官的学习方式，学生能够在感官刺激中更好地理解和记忆知识，提升课堂参与感和学习效果。多元化教学方法能够有效弥补传统教学方式的不足，使学生的学习过程更加主动和富有成效。

在实施多样化教学方法时，教师需要避免过度依赖单一的教学工具和手段。教学方法的选择应根据课程内容的特点和学生的实际需求来调整，确保每个学生都能够在课堂中受益。教师要根据教学目标灵活调整教学策略，通过多样化的学习方式帮助学生全面理解知识，提升解决问题的能力，从而培养他们独立思考和创新的能力。

（三）教学方法优化的案例分析

教学方法的优化可以通过具体的案例来展示其有效性，帮助教师更直观地理解创新教学方法的作用。在某中职学校的语文课程中，教师引入了项目式学习。学生被要求模拟职场环境，撰写符合真实工作场景的文案。这一实践不仅提高了学生的写作能力，还增强了职业素养和团队协作能力。通过这样的创新项目，学生不仅学到了知识，还培养了应对真实工作环境的能力。

另一实例是通过翻转课堂的方式，教师让学生课前自学知识，课堂上则进行小组讨论和问题解决。翻转课堂有效激发了学生的学习兴趣和自主性，课堂气氛也变得更加活跃。通过这种方式，学生能够更好地掌握理论知识，同时通过互动和讨论深化对知识的理解。教师根据学生的学习情况及时调整课堂活动，确保每位学生都能参与其中，并在实践中获得更好的学习效果。

这些教学优化案例表明，通过灵活运用创新的教学方法，教师能够显著提升教学效果。教师通过不断优化教学方法，不仅能提高学生的知识掌握程度，还能帮助学生在实际应用中深化对知识的理解。这些方法的成功实施，不仅能够提高学生的学习成果，还为教师的教学方法提供了更多的实践经验和灵感，推动教学改革不断向前发展。

二、课堂管理与互动技巧

课堂管理与师生互动技巧对教学效果具有深远影响。有效的课堂管理不仅能提高教学秩序，还能增强学生的学习效率与兴趣。掌握课堂秩序管理策略、师生互动的形式与方法以及增强课堂参与感的技巧，有助于提升教师的课堂控制力和学生的学习积极性。

（一）课堂秩序管理的有效策略

课堂秩序管理是确保教学活动高效进行的基础。有效的课堂秩序管理策略能够帮助教师维持课堂纪律，避免无序行为干扰教学进程，同时又能创造一个积极、互动的学习环境。教师应在教学初期明确课堂规则，并与学生共同达成共识，让学生了解课堂行为的期望和相应的后果，确保课堂秩序稳定有序。规则的建立应简洁明了，容易理解，且能够得到学生的认同和遵守。

秩序管理需要教师具备良好的时间管理能力，合理安排课堂时间。每一节课应有清晰的结构与节奏，避免冗长的讲解和过多的课堂中断。教师应根据教学内容和进度，灵活安排各个环节的时间，确保学生能够在规定时间内完成任务，保持课堂的集中度和参与感。合理的时间管理能够有效避免学生产生厌学情绪，提升课堂效率和学习成效。

除了时间管理，教师还应善于运用正向激励和及时反馈来维持课堂秩序。对学生的积极行为进行认可和奖励，能够激发学生的学习兴趣和参与热情。在学生行为偏离课堂规则时，教师应通过适当的提醒与干预，引导学生回归正轨，确保教学活动顺利开展。通过正向激励和反馈，教师不仅能够维持良好的课堂秩序，还能增强学生的自主性和积极性，促进学生的全面发展。

（二）师生互动的形式与方法

师生互动是课堂教学的重要组成部分，它对学生的学习动机、参与度以及课堂氛围有着直接影响。教师应通过多样化的互动方式与学生建立有效的沟通渠道。这些互动形式可以包括提问、课堂讨论、角色扮演、案例分析等，能够激发学生的思考、表达和参与，促进课堂中更为活跃的学习氛围。通过互动，学生不仅能够加深对知识的理解，还能锻炼独立思考和解决问题的能力。

根据教学内容和学生的个性化需求，教师应灵活选择合适的互动方法。课堂讨论和小组活动有助于促进学生之间的互动，增强知识的共享与理解。通过让学生分享自己的观点和想法，教师可以帮助学生拓宽视野，深化对知识的理解。小组合作也能够提升学生之间的团队协作能力，培养集体主义精神和沟通能力，形成更加开放和互动的课堂氛围。

及时反馈在师生互动中至关重要。教师应关注学生在互动中的反应，并及时给予反馈，帮助学生明确学习方向并纠正误解。及时的反馈能够有效激发学生的学习兴趣与动力，增强他们对知识的信心。在互动过程中，教师不仅仅是知识的传递者，更是学生学习的引导者和支持者。通过不断地互动与反馈，师生之间的关系得到增强，学生对课堂内容的理解和掌握也能得到有效提升。

（三）增强课堂参与感的技巧

增强课堂参与感是提升学生学习效率和课堂活跃度的重要策略。只有当学生真正参与课堂活动时，学习动机和思维活跃度才能得到有效激发。教师应通过设计富有吸引力和挑战性的任务来激发学生的学习兴趣，促进学生的积极参与。项目式学习、小组合作任务、课堂竞赛等方式都能有效提高学生的参与感，使学生在参与过程中不仅获得知识，还能够发展解决问题的能力和团队协作能力。

课堂参与感的提升不仅仅依赖于教师与学生之间的互动，学生之间的合作同样至关重要。教师可以设计小组任务、辩论活动或课堂讨论等形式，让学生在互相交流和合作中发挥自己的意见和思考。通过这种互动，学生不仅能够加深对知识的理解，还能增强团队精神和集体荣誉感。学生在合作学习过程中也能够激发出不同的思维方式，提升创造力和应变能力。

为进一步提高课堂的参与感，教师还应关注学生的个性化需求。在课堂上，教师应通过观察学生的参与度和学习表现，及时调整教学方法。通过设置更多的发言和展示机会，让每位学生都有表达和展示自我的机会。让学生在课堂上感受到自己参与的价值，不仅能增强学习投入，还能激发主动性和创造性，提升整个班级的学习氛围。(见表 3-2)

表 3-2　提升课堂参与感的关键因素与举措

关键因素	具体举措
任务吸引力	设计与课程目标相关且具有挑战性的任务，情境模拟、案例分析和创新竞赛
学生合作互动	通过分组讨论、团队项目等活动，促进学生之间的协作和意见交流，增强集体参与感
个性化需求关注	为不同学习风格的学生提供灵活的参与机会，如角色扮演、个人展示或小组陈述
课堂动态反馈	运用即时反馈工具或问卷评估，实时了解学生的参与状态并调整教学方法
多样化参与形式	提供演讲、书面作业、口头讨论等多种参与途径，让学生根据自身兴趣选择参与方式

三、评估与反馈能力

教学评估与反馈是提升教学质量的关键环节。有效的评估能够准确反映学生的学习状况，指导教学改进，确保教育目标的达成。教师不仅需要掌握评估工具的使用，还应具备及时有效反馈的能力。深入分析教学评估的重要性、反馈在教学改进中的作用以及提升评估与反馈能力的实践路径，有助于优化教学过程，提高教育效果。

（一）教学评估的重要性

教学评估是对学生学习效果、教学方法和课程设计的综合性检验。有效的评估能够帮助教师及时了解学生的学习状态，发现教学过程中存在的问题，从而调整教学策略。评估不仅仅是对学生成绩的检验，它还能够反映出教学内容的有效性和教师教学方法的合理性。

教学评估的作用还体现在其对教育目标实现的支持上。通过系统的评估，教师可以确保每个教学环节都能够朝着预定的学习目标推进。定期评估学生的学习进展和课堂表现，有助于及时调整课程进度，确保学生能够在正确的轨道上进行学习，避免落后。

教学评估为教育体制和教育政策提供了必要的数据支持。通过对大规模教育评估的分析，教育管理者能够更好地制定和调整教育政策，确保教育资源的有效配置。评估不仅限于个别课堂，还应在更广泛的教育体系中进行，以推动整个教育水平的提高。

（二）反馈在教学改进中的作用

反馈是教学改进的核心工具。及时有效的反馈能够帮助学生明确自己的学习优势与不足，激发其进一步学习的动力。教师通过对学生的作业、课堂表现和测试结果进行反馈，能够针对性地提出改进建议，帮助学生在短时间内纠正错误，提升学习效果。

反馈不仅仅是对学生个体的指导，还能够为教师提供课堂教学调整的依据。教师通过学生的反馈，能够了解自己的教学方法是否有效，哪些部分需要改进。课堂反馈促使教师不断优化教学策略，提高教学质量和学生的参与度，形成良性循环。

有效的反馈具有双向性，它不仅来自教师，还应从学生中得到。学生的反馈能够帮助教师了解学习需求和课堂反应，从而调整教学内容和方法。教师与学生之间的良好反馈机制能够促使教学与学习之间形成互动，进一步提升教育效果。

（三）提升评估与反馈能力的实践路径

提升评估与反馈能力需要通过持续的实践和反思。教师应定期进行教学自评，分析自己在评估和反馈过程中存在的问题，并寻找解决方案。教师还应积极参加教育培训，学习新的评估工具和反馈方法，不断提升自身的专业能力和教学水平。

为了提升评估能力，教师应结合不同学科和教学目标，设计合适的评估工具。不同的教学活动和学生群体需要不同的评估方法，教师应灵活运用多种评估形式，如观察评估、作业反馈、口头提问等，确保评估结果准确反映学生的学习进展。教师需要定期对评估结果进行总结，发现共性问题，以便做出针对性的教学调整。

反馈能力的提升同样依赖于教学的实践与反思。教师应定期收集学生对教学的反馈信息，并根据这些信息进行改进。在反馈过程中，教师应注重言辞的恰当性与建设性，避免简单的评价性语言，而应提出具体可行的改进建议。教师还可通过同伴评议、团队协作等方式，借鉴他人的反馈经验，共同提高评估与反馈能力。

四、自我反思与专业成长

自我反思是教师职业成长的核心要素。它不仅帮助教师从日常教学中发现问题并加以改进，还能促使教师不断调整教学策略，提升教育效果。分析自我反思对教学提升的作用、专业成长的路径与目标以及构建教师终身学习的意识，有助于教师形成持续发展的能力，确保其教学水平与职业素养的不断提高。

（一）自我反思对教学提升的作用

自我反思是教师提升教学水平的核心工具。通过反思，教师能够识别并改进教学过程中存在的问题，有助于及时调整教学策略与课堂管理方式。反思能够帮助教师从实践中总结经验，发现哪些教学方法能有效促进学生的学习，哪些环节需要改进或创新。通过持续的反思，教师能够不断调整教学方向，确保教育质量不断提高。

教师通过反思，可以优化教学设计和学习活动安排。反思不仅关注学生学习成果的展示，还应考虑课堂内外的互动与反馈。通过分析学生的学习表现和反应，教师能发现潜在的教学问题并及时修正，从而确保每堂课的有效性。结合学生反馈与教学记录，教师能够总结出不同教学方法对学生的影响，帮助自身实现教学的精进与突破。

反思还能够促进教师形成科学的教学观念和理念。通过总结教学经验，教师能明确自己的教学目标，并据此调整教学计划，使之更贴近学生需求。反思不仅关注当前教学过程，还帮助教师审视自己的长期教学发展，从长远角度提升专业水平。教师通过不断反思，逐渐形成自主改进的能力，为持续提升教学质量提供保障。

（二）专业成长的路径与目标

教师的专业成长是一个循序渐进、长期发展的过程，涉及知识、技能、经验与态度的综合提升。专业成长路径的核心在于知识更新与教学方法多元化，教师需要通过不断学习新知、改进教学方法，适应教育环境的变化和学生需求的多样性，推动自身发展。在这条路径上，教师要不断拓宽视野、提升专业能力，并最终实现职业成长。

专业成长的最终目标是帮助教师成为能够应对教育改革和学生个性化需求变化的专业教育者。这不仅要求教师掌握扎实的学科知识，还要提升课堂管理、教学技巧以及与学生的沟通与合作能力。教师应当根据自身的职业规划和学术追求，设定切实可行的目标，通过不断积累经验和反思，逐步实现职业生涯的不断提升。

教师的成长不仅限于参加传统培训课程，还应广泛参与同行交流、教育课题研究、教育创新等实践活动。通过多样化的学习形式，教师能够不断提高自己的教学能力与学术水平。在职业发展的过程中，教师能够与其他教育工作者分享心得与经验，进一步促进教学质量的提升与教育理念的革新。

（三）构建教师终身学习的意识

终身学习是教师持续职业发展的必要条件，教师要树立终身学习的意识，不断应对教育领域中日新月异的变化与挑战。随着教育科技的不断进步和学生需求的多样化，教师必须保持开放的学习态度，通过不断更新自身的知识与技能，适应教育的新时代。终身学习不仅是教师应对外部变化的策略，还有助于教师在专业领域中不断深耕与创新。

为了构建终身学习的意识，教师需要积极寻找学习机会，参与学术研讨会、线上课程或阅读专业书籍等多种方式，以拓宽知识面并提升专业能力。通过持续的学习，教师不仅能增强自己的教学技巧，还能紧跟教育领域的新动态、新技术，提升自己的创新能力和解决问题的能力。学习的内容不仅应限于学科知识，还应涵盖教育理论、课堂管理技巧及学术研究方法等方面。

教师的终身学习意识能够推动教育体系的进步。通过持续学习和自我提升，教师能够将新的教育理念和教学方法融入课堂实践中，提升教育质量，改善教学效果。教师的学习成果最终将惠及学生，为学生提供更优质的教育服务，推动教育事业的发展与创新。教师的终身学习是个人成长的动力，也是教育整体进步的源泉。

第四节　教师心理健康与支持

一、教师心理健康的重要性

教师的心理健康是保障教育质量和学生成长的重要基础。教师在工作中承受着教学、管理和多重角色的压力，良好的心理状态对教学效果至关重要。关注教师心理健康，能够有效提升教学质量和学生的学习体验。探讨心理健康对教学效果的影响、中职教师心理问题的常见类型以及关注教师心理健康的必要性，有助于全面提升教师的工作和生活质量。

（一）心理健康对教学效果的影响

教师的心理健康对教学效果具有重要影响。心理健康的教师通常能够表现出较高的教学热情、稳定的情绪状态和良好的课堂控制能力，从而为学生创造一个有利的学习环境。教师的情绪波动和心理问题会直接影响课堂氛围和学生的学习积极性，导致教学效果下降。教师心理健康的保持对于确保课堂效率和提升学生学习动力至关重要。

教师的心理状态也对学生的情绪和行为调节起到重要作用。情绪稳定的教师能够更好地管理课堂中的突发情况，平和地与学生互动，并通过积极的言语和行为引导学生，帮助他们树立自信心。在教学过程中，教师的心理健康能有效地向学生传递正能量，从而增强学生的学习兴趣，激发学习热情，提升学生的整体表现。

心理健康的教师还能够更好地进行教学创新。心理压力较小、情绪平稳的教师，能够更加灵活地调整教学方式，尝试不同的教学方法，以适应学生多样化的学习需求。通过教学形式的多样性，教师能让课堂更具互动性和吸引力，从而促进学生思维的多维发展。这不仅提升了教学质量，还能帮助学生全面发展，从而推动教育目标的实现。

（二）中职教师心理问题的常见类型

中职教师面临多重压力，其心理健康问题日益引起关注。职业倦怠是其中最为常见的心理问题之一。教师在长期的高强度工作压力下，会感到精疲力尽，缺乏成就感。这种状态不仅影响教师的情绪和行为，还导致教学质量下降。教师的职业倦怠感会使其对工作失去兴趣，从而影响到教学投入和学生的学习效果。

焦虑症是中职教师常见的心理健康问题。由于教学任务繁重、学生成绩压力大以及家长期望过高，教师容易产生焦虑情绪。焦虑不仅会影响教师的工作表现，还导致与学生及同事的关系紧张。教师的情绪波动影响课堂氛围，导致学生学习的紧张感和压力，进而影响整体教学效果。

抑郁症也在中职教师群体中逐渐显现。由于工作中的长期高压和缺乏有效的情绪调节手段，部分教师出现抑郁症状。抑郁症使教师的工作动力减弱，情绪低落，甚至对职业产生负面看法。教师的抑郁情绪导致工作效率下降，无法全身心投入教学，这直接影响到学生的学习状态和课堂氛围，降低了教育质量。

（三）关注教师心理健康的必要性

关注教师的心理健康对提高教学质量至关重要。教师的心理状态是教育体系中的核心因素之一，教师的情绪、压力和心理健康状况直接影响到学生的情感、认知以及整体学习效果。学校应当为教师提供系统的心理健康支持，包括定期的心理辅导和压力调节课程，帮助教师更好地应对教学中的压力和挑战。通过这些支持措施，教师能够保持积极心态，更好地投入教学工作中。

及时关注教师的心理健康问题可以有效减少心理疾病的发生。学校可以通过建立心理健康筛查机制，早期发现教师的心理问题并提供及时的干预与帮助。这不仅能够帮助教师更早地排解压力，避免心理问题的恶化，还能提高教师的工作满意度和职业幸福感。长期的心理健康干预能够确保教师能够持续高效地进行教学工作，提升其职业稳定性。

通过关心教师的心理健康，学校能够增强教师的职业幸福感和归属感。一个心理健康的教师团队能够更加专注于教学创新，提高教学质量，促进学生的全面发展。教师的心理健康得到保障，教育事业的可持续发展也得以促进。学校应为教师提供全方位的心理健康支持，帮助他们应对生活与工作的双重压力，最终为学生提供更优质的教育服务。

二、压力管理与应对策略

教师在日常教学中面临各种压力，如何有效管理和应对这些压力，已经成为提升教学质量和教师职业幸福感的关键。压力来源的识别与分类、科学的压力管理方法以及教师压力缓解的实践措施，为教师提供了有效的支持，帮助其保持良好的工作状态和心理健康。

（一）压力来源的识别与分类

教师面临的压力来源多样，包括工作压力、情感压力和外部环境压力等。工作压力主要来源于教学任务的繁重、备课和评估的时间要求以及课堂管理的挑战。教师必须同时处理多重教学职责，长时间的工作负担使得他们感到身心疲惫。情感压力则源自师生关系、家长期望和学生表现等因素，尤其是当教师感到无法满足学生需求时，情感压力尤为突出。

外部环境压力通常由学校管理层的期望、社会对教育的要求以及教育政策的变化所造成。政策的频繁调整和教育改革的不断推进增加了教师的不确定感，使得他们在教学过程中感到无法适应。环境压力还与学校资源的匮乏、班级规模的增大等因素有关，这些都使教师的工作环境变得更加紧张和不稳定。

识别压力来源有助于教师更好地了解自己面临的挑战，并针对性地采取应对措施。通过对压力类型的分析，教师能够准确判断哪些压力最为突出，从而有针对性地进行调整，提升其对压力的掌控能力。

（二）压力管理的科学方法

压力管理需要依托科学的方法，以帮助教师有效减轻压力并提升其应对能力。情绪调节是管理压力的关键，通过情绪自我监控，教师能够识别并管理自己的情绪波动，避免负面情绪的积累。情绪调节技巧包括深呼吸、冥想等方法，这些方式能够帮助教师在高压力环境中保持冷静，缓解紧张和焦虑。

时间管理是另一项有效的压力管理技巧。合理的时间安排能够使教师将任务拆解，减少任务积压带来的焦虑感。通过制定每日、每周和每月的工作计划，教师能够清晰地了解自己的工作重点和进度，避免因工作进度滞后而产生的焦虑。时间管理还包括为自己安排适当的休息时间，避免过度劳累。

社交支持也是管理压力的重要方式。教师应与同事、朋友和家人保持良好的沟通，分享压力和困惑。社会支持网络能够为教师提供情感支持，帮助其缓解工作中的压力。通过集体备课、讨论教学问题等方式，教师能够获得更多的帮助和建议，从而减轻教学中的压力。

（三）教师压力缓解的实践措施

教师压力的缓解需要在实践中落实具体的措施。学校可以通过改善教师的工作环境和提供更多的资源支持来缓解其工作压力。合理调整教师的工作负担，减少不必要的行政任务，让教师能够专注于教学。学校还应为教师提供定期的心理辅导服务和压力管理课程，帮助教师学会识别和应对压力。

教师个人也应主动采取措施来减轻压力。保持良好的生活习惯、加强锻炼和保持足够的睡眠，能够帮助教师提高身体素质，增强其应对压力的能力。培养积极的思维方式和寻求心理辅导等也是缓解压力的重要途径。

通过强化团队合作和集体活动，教师之间的支持与合作能够有效减轻个体压力。学校可以定期组织团体活动或休闲娱乐项目，增强教师之间的沟通与协作，缓解教学中的压力。通过这些实践措施，教师能够更好地管理压力，保持良好的工作状态，从而提升教学质量和个人幸福感。

三、职业倦怠的识别与防范

职业倦怠是教师在长期工作中由于过度压力和情感耗竭所表现出的状态，这对教学效果和个人心理健康有着显著影响。识别和防范职业倦怠，能够有效促进教师的职业发展和教学质量。了解职业倦怠的表现与成因、建立预防倦怠的长效机制以及采取实际的应对方法，能够帮助教师保持良好的职业状态和心态。

（一）职业倦怠的表现与成因

职业倦怠的表现通常包括情感耗竭、工作兴趣减退和个人成就感下降。情感耗竭是教师由于长期的工作压力和情感投入过度，导致无法从教学中获得情感满足，产生疲惫感。教师会出现对学生缺乏热情和耐心，甚至对教学产生反感。工作兴趣减退表现为对教学任务的消极态度和情绪低落，工作激情的丧失是职业倦怠的明显标志。

职业倦怠往往来源于多重压力的叠加。过重的工作负担，长时间的高强度工作和缺乏适当的休息，都是造成倦怠的根本因素。教师在面对烦琐的教学任务和学生管理时，长时间无法获得心理放松，导致身心疲惫，最终形成倦怠。缺乏成就感和职业支持也是倦怠的成因之一，教师在教学中未能得到足够的认可和支持，容易感到无力感。

职业倦怠不仅影响教师的身心健康，还会对学生的学习效果和教师的职业发展产生不利影响。教师如果未能及时识别和应对倦怠状态，会出现工作效率下降、教学质量下降等问题，甚至导致离职或长期的职业不满。职业倦怠的识别和预防十分重要。

（二）预防职业倦怠的长效机制

预防职业倦怠需要建立长效机制，这不仅仅依赖于个人的调整，也需要学校和教育管理部门的支持。学校应合理安排教师的工作负担，避免过度工作和责任过重的情况。通过合理调配教师的教学任务和时间，使其能够在繁重的工作中获得必要的休息和恢复，减少情感和体力上的消耗。

学校应为教师提供充分的职业发展机会和情感支持。通过职业培训、学术交流和团队合作等方式，教师可以不断提升专业素养和获得职业认同。教师还应得到心理健康支持和咨询服务，帮助其解决工作中的压力问题，避免过度疲劳引发倦怠感。学校领导和同事的支持和鼓励，也是教师应对倦怠的重要保障。

建立健全的评估和反馈机制也有助于职业倦怠的预防。通过定期评估教师的工作状态和情感需求，学校可以及时发现教师的疲劳和压力情况，采取相应的干预措施。学校应鼓励教师表达自己的意见和建议，提供情感和职业支持，帮助教师维持健康的心理状态和工作态度。

（三）应对职业倦怠的实际方法

应对职业倦怠的实际方法包括个体的心理调节和外部支持的结合。教师可以通过自我调节，如积极的心理暗示、放松训练和时间管理等方式来减少工作压力。合理安排自己的工作和生活时间，保证足够的休息和娱乐，能够有效缓解身心疲惫，预防倦怠的产生。

建立健康的社交网络也是应对职业倦怠的重要方式。教师应与同事、家人和朋友保持良好的沟通，及时分享工作中的困扰和情感压力。社会支持能够帮助教师获得情感上的慰藉，减轻负面情绪的积累。与同事共同参与集体活动，进行经验交流，也有助于缓解工作中的压力。

教师应不断寻找教学中的乐趣，保持对工作的热情。通过创新教学方法、增加课堂互动和为学生设计更具挑战性的任务，教师能够在教学中重新找到成就感和满足感。保持职业热情和积极心态，是防止职业倦怠的重要方法。通过这些实践措施，教师能够有效应对职业倦怠，维持良好的教学状态和心理健康。

四、支持系统的建设

有效的支持系统对教师的职业发展和心理健康至关重要。建立一个全方位的支持系统，能够帮助教师更好地应对工作中的压力，提升教学效果。心理支持系统的建设、学校管理层对教师的支持作用以及社区与社会资源的整合利用，都是构建支持系统的重要环节，能够提供必要的帮助和保障。

（一）心理支持系统的构建与完善

心理支持系统的构建是帮助教师有效应对职业压力和情绪问题的关键环节。这一系统应以专业的心理咨询服务为基础，为教师提供情感支持与心理疏导。学校可设立专门的心理咨询机构或引入外部资源，定期为教师开展心理健康评估，通过早期干预帮助教师识别潜在的心理问题，从而防止职场压力升级为严重的心理健康问题。这种专业支持能够增强教师面对压力的应对能力，帮助其维持心理平衡。

一个完善的心理支持系统应注重个性化服务与集体支持相结合。教师在遭遇职业倦怠、情感困扰或人际冲突时，可以寻求一对一的心理辅导，获得针对性的建议与帮助。学校还应定期组织团体心理活动、分享会或团队建设活动，帮助教师分享工作中的压力和经验，增强同事间的情感联结。这种集体活动能够有效缓解教师的孤独感，促进团队协作，提升心理舒适度。

心理支持系统的完善还需要将心理服务嵌入学校文化之中。学校应营造互助友爱的工作氛围，鼓励教师在工作中互相关心、支持，共同应对教学中的挑战。管理层可以通过奖励机制和榜样示范，倡导积极向上的职业心态，培养教师对学校的归属感和集体荣誉感。通过这些措施，教师能够在一个充满支持与理解的环境中更好地应对压力，保持良好的职业状态。

（二）学校管理层对教师的支持作用

学校管理层在教师职业发展和心理健康方面的支持至关重要。合理的工作安排是管理层对教师支持的基础，通过科学分配教学任务和行政职责，管理层能够有效避免教师工作负担过重的问题。确保教师有足够的休息时间和灵活的工作机制，能够帮助教师缓解职业倦怠和身体疲劳，为专注于教学工作创造更佳的条件。

管理层的支持还应体现在教师专业发展的推动上。通过提供多样化的培训项目、进修机会和学术研究资源，学校能够帮助教师不断提升教学能力和学术水平。这些机会不仅能够拓宽教师的视野，增强其职业竞争力，还能够激发其对教育事业的热情和信心。为教师提供清晰的职业发展路径和晋升空间，能够进一步提升教师的职业满足感和归属感。

在情感支持方面，管理层应更加关注教师的实际需求，通过定期沟通、倾听意见以及实施激励政策，向教师传递关怀和认可。表彰优秀教师、开展荣誉评选等活动，可以增强教师的成就感和工作动力。感受到来自管理层的理解与支持后，教师的工作满意度和投入度会显著提升，从而推动整体教学质量的提高。

（三）社区与社会资源的整合利用

整合社区和社会资源是为教师提供多层次支持的重要手段。学校可以与社区心理健康中心、社会服务机构等组织合作，为教师提供心理健康咨询、法律援助以及家庭支持服务。通过这些外部资源的介入，教师能够更加从容地应对生活与工作中的压力，减少因个人问题而影响职业表现的情况。

利用社区与社会资源还可以增强教师的社会认同感与归属感。通过组织社会活动、志愿服务以及文化交流项目，教师能够在社区中找到更多的支持与理解。这些活动不仅有助于教师建立更广泛的社会网络，还能够帮助其在社会中获得更多认可，进一步提升职业荣誉感和自我价值感。

社会资源的整合还应关注教师生活质量的全面提升。财务规划、健康管理、职业咨询等服务，能够帮助教师更好地管理个人事务，减轻生活压力。这种全方位的支持体系，使教师能够在教学之外获得更多帮助，从而专注于教育工作，提升职业发展的质量与持续性。通过社区与社会资源的整合利用，教师不仅能够实现个人成长，还能为教育事业的长远发展贡献更大的力量。

第四章　学生学习动机与参与

第一节　学习动机的影响因素

一、内在动机与外在动机

动机是推动行为的核心驱动力，在学习和工作中对表现起着决定性作用。内在动机源于个人对活动本身的兴趣和满足感，能够激发持久的努力和创造力，通过营造自主性、挑战性和成就感的环境，可有效激发这种动力。外在动机则依赖外部奖励与压力，成绩、薪酬或社会认可，对目标导向的行为具有明显促进作用，但其效果随外部条件变化而减弱。内在与外在动机相互影响，合理结合能够最大化激励效果。通过设计兼顾兴趣、成就感与目标导向的激励机制，可更有效地支持个人在教育与职业中的持续发展，实现更高效的目标达成。

（一）内在动机的特征与激发途径

内在动机源自个体对活动本身的兴趣与满足感，是不依赖于外部奖励的自发动力。表现为对工作或学习过程的享受，内在动机促使个体在活动中投入更多时间和精力，主动探索更深层次的知识与技能。内在动机通常与个人的兴趣、价值观以及情感需求密切相关，是持久行为动力的重要来源。与外在动机不同，内在动机强调个人对活动本质的兴趣，而非对结果或奖励的追求。

激发内在动机需要创造支持性的环境并提供自主选择的机会。当个体能够自主决定学习内容、目标或工作方法时，更容易产生内在动机。提供适当的挑战和正向反馈，可以有效增强个体的自信心和掌控感，从而进一步激发内在动机。将活动与个人价值和意义联系起来，也能够激发深层次的内在动力，让个体在活动中获得满足感和成就感。

内在动机的形成不仅依赖于外部环境的支持，还需要个体自身的认知和目标设定。明确的目标能够帮助个体集中注意力，增强活动的专注度和投入度。在活动中持续体验乐趣和成就感，内在动机会逐步增长，并促进个体在学习与工作中的长期发展，形成自我驱动的良性循环。

（二）外在动机的作用与限度

外在动机源自外部奖励和惩罚，是通过外界的评价与反馈驱动行为的动力。在教育和职场中，外在动机通常表现为金钱奖励、荣誉、晋升等物质或社会认可。外在动机能够快速促使个体完成特定任务，在短期目标和明确奖励情境下表现出较高的驱动力。尤其是在刚开始接触任务或尚未建立内在动机时，外在激励往往起到重要作用。

外在动机的主要作用体现在对行为的直接引导与规范中。当个体面对明确的奖惩机制时，往往会根据激励条件迅速采取行动。这种动机能够帮助个体达到具体目标，尤其适用于任务导向型和结果导向型的工作场景。单纯依赖外在动机导致个体对任务本身的兴趣下降，并忽视活动本身的内在价值。

外在动机的限度在于对长期行为的影响较为有限。过度依赖外部奖励会增加个体的依赖性，一旦奖励停止或减少，行为的持续性会明显下降。长期使用外在动机容易导致“奖赏依赖”，个体无法自主维持动力。为了实现持久激励，必须将外在动机与内在动机相结合，通过奖励机制的合理设计，避免对行为的内在驱动造成消极影响。

（三）内外动机的相互影响

内在动机与外在动机并非完全独立，而是在实际情境中相互作用、相互影响。合理的外部奖励能够增强内在动机，尤其是在学习或工作的初始阶段。外部奖励能够为个体提供明确的方向与目标，使其通过完成任务感受到成就感和满足感，从而激发对活动本身的兴趣。当外部奖励设计得当，它可以为内在动机的形成创造良性循环。

过度依赖外部奖励会削弱内在动机，尤其是在奖励机制频繁且过于直接时。个体在依赖外部奖励后，忽视活动本身的意义，导致内在动力减弱。激励机制需要谨慎设计，合理平衡内在与外在动机的关系。将奖励与活动本质关联起来，能够有效避免内在动机的流失。

内外动机的相互作用需要通过科学的激励策略加以优化。教师与管理者应根据个体的需求和实际情境，灵活运用内外动机结合的方式。在短期目标中，可以利用外在激励驱动行为，而在长期发展中，应着重培养内在动机，确保个体能够持续主动地投入学习与工作中，实现行为动力的最大化和可持续性。（见表 4-1）

表 4-1　内外动机相互影响的机制与策略

影响类型	具体表现	优化策略
外在动机增强内在动机	初期外部奖励提供明确方向，激发成就感，促进对活动本身的兴趣	设计与任务本质相关的奖励机制，确保奖励与活动内在价值的连接
外在动机抑制内在动机	过度依赖奖励导致忽视活动意义，内在动力减弱	降低奖励频率，避免单纯的物质激励，注重长期目标引导
内外动机平衡关系的优化	内外动机结合能促成良性循环，短期目标驱动行为，长期目标培养内在兴趣	灵活运用激励策略：短期内用外在激励达成任务，长期内着重培养内在动力
行为的可持续性	单纯外在动机驱动行为难以长期维持，而内在动机促进持续投入与主动性	借助外部奖励逐步过渡到内在兴趣为主，增强对活动的认同感

二、兴趣培养的重要性

学习兴趣是推动学生获取知识、掌握技能和发展思维能力的核心动力。在学术研究和技能训练中，兴趣能够显著提升学习的专注度与效率。尤其在语文学科的学习中，兴趣不仅能激发学生对语言的热爱，还能培养其深入思考和探索的精神。通过挖掘与学生生活经验相关的语文学习兴趣点，如文学赏析、创意写作或语言表达，教师可以有效提升课堂吸引力。培养学生学习兴趣需要采用多样化的教学方法，结合实际情境设计互动性强的课堂活动，以满足学生的好奇心和成就感。深入研究学习兴趣的培养与应用，不仅为优化教学策略提供了重要参考，还为提升学生的综合素质和学习成效奠定了坚实基础。

（一）兴趣对学习成效的推动作用

兴趣是一种强大的内在驱动力，能够显著促进学习的深入和效率的提升。对学习内容的浓厚兴趣可以点燃求知的欲望，使个体主动参与到知识的探索中。学习兴趣使得知识的获取不仅局限于表面，还能够深入理解其内在逻辑和关联性，从而为进一步学习打下坚实的基础。兴趣所带来的学习热情和高度专注，使学习过程更加愉悦，同时也提升了知识的记忆和运用能力。

兴趣的存在使个体能够在学习中面对挑战时表现出更大的耐心和毅力。即便是较为枯燥或者难度较大的内容，在兴趣的驱动下也能够激发更高的投入度，促使学习者不断尝试新的方法以解决问题。兴趣可以帮助人们以更加积极的心态面对困难，进而将挫折转化为成长的契机，最终实现能力和思维的双重提升。

学习兴趣的作用不仅体现在知识的掌握，还能推动技能的精进和思维的创新。通过兴趣驱动的探索，能够自然产生提出问题、分析问题和解决问题的动力。在这种自发的学习过程中，知识与实践形成了良性互动。兴趣赋予了学习者不断创新和深度思考的能力，使得学习不再是机械的任务，而是一种发自内心的成长愿望。

（二）语文学习中兴趣点的挖掘

语文学科的丰富性和艺术性为兴趣点的挖掘提供了广阔空间。通过选择富有吸引力的学习素材，可有效激发对阅读的热情。结合实际生活挑选贴近学生经验的文学作品、故事情节丰富的名人传记等，可以使学习内容更加生动有趣。通过这些有趣的材料，语言的魅力得以展现，吸引人们主动去解读文本中的思想和情感。

互动式课堂能够将语文学习变得更加生动而富有吸引力。利用小组讨论、角色扮演、模拟场景等形式，可以将抽象的语文知识具体化，并通过实际运用提升学习效果。语言的交互性和表达性在这些活动中得到充分体现，学习者在充满活力的课堂氛围中加深了对语文学科的喜爱。

创意写作能够让语文学习过程焕发独特的生命力。通过自由写作、故事编创等活动，学习者有机会将思想和感受以文字形式呈现。写作不仅是语言能力的训练，还是思维和情感的艺术表达。通过多样化的写作活动，不仅能够激发写作的兴趣，还能培养表达能力和逻辑思维，为语文学习注入更多的创新活力。

（三）培养学生学习兴趣的有效方法

培养学习兴趣需要精心设计教学内容，以确保学习与现实生活之间形成良好的联结。灵活运用多元化的资源，通过寓教于乐的方式，使学习者能够感受到知识的实际价值。结合具体的情境和问题，提供具有吸引力的学习任务，有助于从日常经验中挖掘学习的意义，从而自然引发对学习的热爱。

课外活动是拓展兴趣的重要渠道。通过组织文化交流、文学沙龙等活动，学习能够从课堂延伸到更加广阔的领域。让学习者参与到丰富的课外活动中，能够将理论与实际相结合，使其在真实环境中感受知识的运用场景。通过这样的参与体验，学习兴趣得以从外部激发，并进一步内化为持续学习的动力。

因材施教能够最大程度地激发学习潜力。结合学习者的兴趣和能力，为其量身设计适合的学习任务，能够在合理挑战中激发其潜能。通过明确目标和适当的激励，使人们在每一次小小的成功中获得满足感。这种成就体验会逐步增强学习信心，从而形成学习兴趣的良性循环。

三、家庭环境的影响

家庭环境在学生学习发展中起着至关重要的作用，深刻影响着学习动机、行为习惯以及最终的学习成效。父母的教育方式在塑造学习动机方面具有关键作用，鼓励型和支持型的教育方式能够增强学生的自信心和学习热情，激发内在的探索欲望和目标感。家庭的文化氛围对学习行为有显著影响，重视阅读、交流和学习的家庭环境能够潜移默化地培养学生的学习兴趣与主动性。父母在学习中的支持，如学业指导、情感关怀和资源提供，不仅能提升学生的学习效率，还能增强其应对挑战的能力与毅力。家庭环境差异直接影响学习效果。经济条件较好的家庭通常能提供更多优质资源，而文化氛围浓厚的家庭则能培养更强的自主学习能力。理解家庭环境对学习的深远影响，有助于更全面地认识教育的社会与文化因素，为学生的全面发展创造良好的家庭支持体系。

（一）家庭教育对学习动机的塑造

家庭教育在塑造学生学习动机方面具有深远影响。家长的教育理念、期望和态度在无形中为学生的学习奠定了心理基础。积极的家庭教育能够激发学生对学习的兴趣，使学生在良好的教育氛围中形成自我激励的意识。通过语言上的鼓励和行为上的支持，家长能够提升学生的信心，使学习成为一种内在驱动力。

家庭教育中亲子互动的方式显著影响学生的学习态度。家长对学生的关心和支持，能让学生在心理上感受到稳定的归属感和温暖，从而在学业中表现出更高的投入度。当家庭成员共同参与学习活动时，学生更容易感受到学习的乐趣和价值，逐渐培养出内在动机，提升学习主动性与创造力。

家庭教育还通过设立明确的期望和目标，帮助学生找到学习的方向和意义。家长在设定期望时应充分考虑学生的兴趣和能力，避免过分施压或忽视关注。合理的目标设定可以帮助学生认识到学习的重要性，并逐步形成长期的学习规划和坚持不懈的学习动力。

（二）父母支持对学生学习行为的促进

父母的支持对学生学习行为的积极作用不容忽视。情感上的支持能够帮助学生保持良好的心理状态，在学习过程中感受到来自家庭的关怀和理解。父母的情感支持不仅能缓解学业带来的压力，还能增强学生面对学习挑战时的勇气，从而激发持久的学习热情和动力。

父母在学习过程中扮演着重要的榜样角色。家长展现出的学习态度、职业成就和终身学习的行为，会深刻影响学生的学习观念。家长对教育的重视和积极参与，不仅体现了家庭对学习的关注，还能激励学生更主动地投入学业。父母的赞扬和正向反馈则为学生提供了重要的心理支持，使学习成为一种愉快的体验。

父母的学业支持还体现在提供适合的学习资源和良好的环境上。家庭作业的辅导、适当的课外阅读材料以及学习工具的准备，能够为学生创造便利的学习条件。家长的积极参与，不仅能帮助学生提高知识掌握能力，还能培养学生的自律性和良好的学习习惯，为未来的学术进步奠定坚实基础。

（三）家庭环境差异对学习效果的影响

家庭环境差异对学生的学习效果具有显著影响。家庭经济条件决定了学生所能接触的学习资源和教育机会。经济状况较好的家庭通常能够提供优质的教育资源，包括书籍、学习设备以及校外辅导。这些资源为学生的知识积累和能力拓展提供了重要保障。

家庭的文化氛围和父母的教育水平对学生学习效果起着关键作用。文化氛围浓厚的家庭能激发学生的求知欲和阅读兴趣，使学习成为日常生活的一部分。父母教育水平较高的家庭往往能够提供更多的学术指导和精神支持，这种引导有助于学生在学术上取得更为显著的进步，并养成良好的学习习惯。

家庭环境的影响还体现在父母对教育的重视程度上。父母愿意花时间帮助孩子设定学习目标，并提供持久支持，能显著提升学生的学习成效。相较之下，一些家庭由于各种原因缺乏对教育的深度参与，使学生在成长过程中面临较少的学术资源和机会。不同的家庭环境形成了学生成长路径上的差异，对学习效果产生深远的影响。

四、社会认知的作用

社会认知在教育和职业发展中发挥着重要的指导作用，深刻影响学生的学习态度、行为选择以及职业规划。社会对学习的价值观和教育的重视程度直接塑造了学生的学习行为，积极的社会认知能够激发学生对学习的热情与坚持，形成正确的教育观念。职业教育的社会认知现状则是影响技术技能型人才培养的重要因素。部分社会群体对职业教育的认知尚存在偏见，认为其教育层次较低，这种观念在一定程度上制约了职业教育的发展与普及。改善社会对教育和职业教育的认知需要通过多渠道宣传其价值与贡献，包括展现职业教育培养高素质人才的实际成果以及提升社会对技术型人才的认可度。通过开展教育宣传活动、加强行业与教育的合作以及倡导学习型社会理念，可以逐步改善社会认知，为学生的全面发展和职业教育的持续提升提供更良好的社会环境和舆论支持。

（一）社会价值观对学习态度的影响

社会价值观对学生学习态度的塑造具有深远的影响。社会普遍认同的学习观念、成功标准以及教育期望，在无形中决定了学生对学习的认知和投入程度。当前社会高度评价高等教育和学术成绩，这使得学生更加倾向于追求普通高等教育的路径，往往忽视职业教育的重要性。社会对学历、职业地位的重视程度直接影响学生对学业的专注度，并进一步影响其未来职业选择和个人发展方向。

当社会对教育的价值取向发生改变时，学生的学习态度也会随之转变。倘若社会更加注重技术技能的实际价值和实践经验的积累，学生在选择学科方向和职业道路时将表现出更高的兴趣和自主性。社会对技术型人才和职业技能的认可有效引导学生投身相关领域的学习，并激发其内在的学习动力。这种价值观的转变有助于学生认识到技能培养的重要性，形成积极的学习态度。

学习态度的形成不仅依赖于教育机构的引导，社会对教育形式的认可也起着不可或缺的作用。只有当社会真正认识到多元化教育路径的价值，并消除对职业教育的偏见，学生的学习态度和职业规划才能更加全面和理性。社会价值观的正确引导能够推动学生在学习中更积极主动，最终实现个人成长与社会需求的协调发展。

（二）职业教育的社会认知现状

职业教育的社会认知现状依然存在诸多亟待解决的问题。传统观念中，普通高等教育被认为是成功的象征，而职业教育则被视为学术教育之外的“第二选择”。这种固有观念不仅导致许多学生和家庭对职业教育缺乏足够的重视，还削弱了社会对职业教育在人才培养和经济发展中作用的认知。这种偏见使得职业教育的吸引力不足，限制了其发展的空间。

尽管职业教育专注于培养学生的实践技能与专业能力，但社会对其认同度仍然较低。社会更倾向于认为学术成就是衡量成功的主要标准，忽视了职业教育对社会技能型人才的巨大贡献。这种认知差异不仅影响学生和家长的教育选择，还使行业对职业教育毕业生的认可度不足，进而制约了职业教育的整体发展。许多学生在社会压力下对职业教育路径持保留态度，影响了行业技能人才的有效供给。

改变职业教育的社会认知现状需要多方共同努力。教育部门应加强对职业教育的宣传力度，企业需积极参与职业教育发展，展示技能型人才在产业和社会中的实际价值。通过组织大型职业技能竞赛、发布职业教育发展成果报告等方式，可以逐步打破社会对职业教育的固有偏见。提升职业教育的社会认知，不仅能够为学生提供更多发展机会，还能为经济和社会进步奠定坚实的人才基础。

（三）提升社会认知的宣传与实践

要提升职业教育的社会认知，需要从多层次、多角度进行综合性宣传和实践。政府、教育部门和社会机构应加强协调，广泛推广职业教育的重要性。通过组织宣传活动、技能展览和行业交流等方式，能够向公众展现职业教育在培养高技能人才、促进经济发展的独特价值。宣传过程中，应注重结合实际案例，生动展示职业教育的成果和典型人物故事，使社会更直观地感受到职业教育的重要性。

职业教育的社会认知提升离不开教育改革和实际成效的展示。职业教育需结合社会需求与行业动态，不断调整课程内容与教学方法。通过校企合作的深化，职业教育可以为学生提供更加贴合市场需求的实习机会与专业培训，增强其职业竞争力。这种产教融合的方式不仅能够满足行业对技能人才的实际需求，还能让社会对职业教育的作用形成更为积极的评价，进一步推动其发展。

媒体的积极参与在社会认知的塑造中起到重要作用。通过记录和报道职业教育成功案例，展示技术技能人才的职业发展成就，媒体可以引导舆论，提升社会对职业教育的认同度。社会组织也可以通过家庭支持项目和社区宣传活动，增强家长和学生对职业教育的接受度。社会认知的改善是一个长期过程，需要教育机构、行业企业和媒体平台共同努力，才能全面实现职业教育的价值和社会地位的提升。

第二节　学生参与度的提升

一、参与意识的培养

培养学生的参与意识是提升教育质量和学生综合能力的核心环节。学生的主动参与不仅能够促进知识的深度理解，还能增强学习兴趣，激发内在的学习动力。在课堂中，参与意识使学生从被动接受知识转变为积极探索，帮助其提升思维能力和解决问题的综合素质。参与式教学模式通过鼓励学生主动发言、参与讨论和协作完成任务，为学生创造了更多表达与实践的机会，使学习过程更加生动高效。教师在教学中可以运用互动式教学、问题驱动学习以及情境模拟等方式，增强课堂的吸引力和参与感。通过设计具有挑战性和现实关联的学习任务，能够有效激发学生的好奇心和探索欲望。建立积极的课堂氛围和个性化指导，也有助于提升学生的参与度，为培养其自主学习意识和全面发展提供坚实的支持。

（一）培养主动学习意识的重要性

培养主动学习意识对于学生的长期发展具有重要意义。主动学习是知识获取的核心方式，更是独立思考、批判性分析以及自我驱动能力的重要体现。具备主动学习意识的学生能够在学习过程中主动提出问题，探索知识的深度，超越课本内容，而不是单纯依赖教师的讲授或被动接受知识。这种学习方式显著提升学生的自主学习能力和解决实际问题的能力，为其个人发展奠定坚实基础。

主动学习还能激发学生内在动机，使学习不局限于课堂。学生在课堂外仍然保持对知识的渴望和探索精神，不断挑战自我、拓宽视野。主动学习意识能够帮助学生更好地应对未来复杂的职业情境，无论是在学术研究还是职业发展中，都能表现出强大的适应能力和持续提升自己的能力。这种意识培养学生面对变化时从容应对的能力，使其能够在职场和社会中占据优势。

教育的最终目标不仅是传授知识，还是培养学生终身学习的能力。主动学习意识的培养使学生在校阶段表现出色，更为其职业发展做好了充分准备。通过自主学习，学生能够形成持续发展的动力，提升综合素质与个人竞争力。这种能力帮助学生在学习阶段收获成果，更为未来职业生涯的发展铺平道路，成为适应社会需求的高素质人才。

（二）参与式教学模式的探索

参与式教学模式是一种以学生为中心、注重互动与实践的教学方式。不同于传统的以教师讲授为主的教学方式，参与式教学强调学生通过参与课堂活动，如讨论、合作和动手操作等形式，主动构建知识体系。这种教学模式极大地激发了学生的学习兴趣，使其从被动的知识接受者转变为积极的知识参与者。通过这种方式，学生不仅学习知识，还在学习过程中获得成就感和归属感。

在参与式教学模式中，学生通过角色扮演、问题导向学习等方法，与教师和同学展开深入的交流和合作。这种模式通过实践验证理论，增强了学生对知识的理解和应用能力。学生在这一过程中能够培养批判性思维能力和团队协作能力，为未来的学术研究和职业发展做好充分准备。这种教学模式将学习与实际应用紧密结合，使学生在探索中获得更多启发。

参与式教学模式还能够提升课堂的互动性和趣味性，增强学生的学习动机和主动性。在这种模式中，教师从传统的知识传递者转变为学生学习的引导者和支持者。通过设计具有吸引力的课堂活动，教师帮助学生在轻松愉快的环境中进行学习，同时提供工具和方法以支持学生的发展。参与式教学不仅改善了课堂氛围，还显著提高了教育效果和学生的综合素养。

（三）提高学生参与意识的策略

提高学生的参与意识需要从教学设计和课堂管理入手，采取多样化的策略。教师可以通过设置开放性问题、小组任务和角色扮演等活动，鼓励学生参与课堂互动。这种互动设计能够激发学生的思维活力，使其在实践中体会到知识的价值与学习的乐趣。通过积极参与，学生能够从被动接受者转变为主动学习者，提升课堂表现和学习效果。

营造支持性的学习环境也是培养学生参与意识的重要手段。在课堂上，教师应鼓励学生自由表达自己的观点，并尊重每个人的意见。通过建立开放、包容的学习氛围，让学生感到安全和被重视，增强其参与的信心。加强师生间和学生之间的互动沟通，通过团队合作和意见交流，使学生更好地融入课堂，成为知识构建的积极参与者。

课外活动的引入也是激发学生参与意识的有效策略。教师可以组织阅读分享会、社会实践项目和小组研究活动，让学生在课外延续学习的热情。这些活动不仅拓宽了学生的视野，还增强了其实际操作能力。通过将课堂学习与实际应用相结合，学生能够进一步体会学习的意义，从而形成持续参与和探索的习惯，为其未来发展提供持久动力。

二、学习活动的设计与实施

学习活动是实现教学目标、提升学生能力的有效途径。设计和实施有针对性的学习活动，不仅能激发学生的学习兴趣，还能帮助学生在实践中巩固和应用所学知识。深入分析活动设计中的学生需求、探索多样化的活动形式以及对活动实施后的反思与优化，有助于提高教学效果，促进学生的全面发展。

（一）活动设计中的学生需求分析

活动设计以学生需求为导向，是实现教学目标的重要基础。通过深入了解学生的兴趣点、能力水平以及发展需求，教师能够制定出既符合学生实际情况又具有吸引力的活动内容。准确的需求分析可以确保活动内容富有挑战性和针对性，使学生在参与中获得最大化的学习效果。明确的需求定位能够帮助教师更好地制定阶段性学习目标，并以活动为载体推动学生的全面发展。

学生需求分析不仅限于知识和技能的范畴，还应涵盖情感需求和心理成长。教师通过观察课堂表现、开展问卷调查或进行个别交流，能够掌握学生的情感状态、思维特点和认知习惯。这些信息为活动设计提供了可靠依据，使活动能够满足学生的个性化需求，同时激发内在的学习动力，促进更加深层次的知识理解和能力提升。

在活动设计中以学生需求为中心，有助于学生更主动地投入学习。当学生感受到活动内容与自身兴趣或发展目标的一致性时，会更加积极地参与其中。这种需求导向的活动设计能够有效提高学生的学习积极性，增强在活动中的专注力和创造力，从而实现教学效果的全面优化。

（二）多样化活动形式的实践

多样化的活动形式是课堂教学创新的重要途径，有助于提升学生的学习兴趣和综合能力。通过设计小组合作、角色扮演、情景模拟、实验操作等形式多样的活动，教师能够针对不同教学目标提供个性化的学习体验。小组合作有助于增强学生的团队意识和合作能力，角色扮演则能使学生在模拟情境中实践知识，加深对学科内容的理解，同时提升语言表达与问题解决能力。

活动形式的选择需要灵活调整，以满足不同学科内容和学生需求。教师可以根据教学目标设置恰当的活动，通过讨论和辩论培养学生的批判性思维，通过实验和动手操作提升实际应用能力。多样化的活动形式可以有效打破传统教学的单调模式，使课堂更富有趣味性，帮助学生在轻松愉快的氛围中高效学习，并激发创造性思维。

在实践多样化活动形式时，教师还应关注教育技术的应用。现代化教学工具如多媒体展示、在线互动平台以及虚拟现实技术为活动设计提供了更多可能性。通过创新教学手段，活动形式可以更加贴近学生的兴趣点，增强互动性和体验感，进一步提高学习的参与度和成效，为教学目标的实现奠定坚实基础。

（三）活动实施后的反思与优化

活动实施后的反思与优化是不断提升教学质量的核心环节。教师在活动结束后应全面评估活动效果，从活动目标达成情况、学生参与度以及活动内容的适配性等方面进行深入反思。反思的目的是发现活动设计中的不足之处，某些环节是否存在难度过高或形式单一的问题，为后续活动提供改进方向。

学生的反馈在活动反思中占据重要地位。通过课堂观察、问卷调查和小组讨论等方式收集学生的意见，能够帮助教师更全面地了解活动的成效以及学生的真实需求。学生在活动中的表现也是重要的观察维度，通过分析态度、行为和参与深度，教师可以进一步调整教学策略，设计更加贴合学生实际的活动。

优化活动设计是一个不断改进的过程。教师应根据反思的结果，针对活动内容、形式及组织方式进行调整。可以加入更多学生感兴趣的主题或引入新的教学技术以提升活动质量。持续的优化不仅能够提高活动的教学效果，还能增强学生的参与热情和学习动力，为后续教学活动的有效开展奠定基础。

三、师生互动的促进

师生互动是提升教学效果和激发学习动力的重要因素，通过建立积极的沟通和联系，能够有效激发学生的学习兴趣并增强课堂参与感。良好的师生互动有助于构建信任与合作的课堂氛围，使学生在学习中感受到支持和认可，从而更加投入学习过程。互动不仅能够激励学生思考和表达自己的观点，还能帮助学生通过教师的指导更深刻地理解知识内容。互动教学模式强调双向交流，通过提问、讨论、小组合作等方式，引导学生参与课堂活动，强化知识的掌握和应用能力。角色扮演、情境模拟等方法能够进一步提升学生的学习体验，使知识变得更加生动具体。要实现高效的师生互动，教师需要设计具有吸引力的教学活动，营造开放包容的课堂氛围，并根据学生的反馈灵活调整互动方式。有效的互动能够促进学习目标的实现，使学生在积极的参与中提升学习效果，同时也为教学质量的提升奠定了坚实的基础。

（一）师生互动对学习动力的影响

师生互动对学生学习动力的提升具有重要作用。积极的师生互动能够增强学生的课堂参与感和归属感，使其在学习过程中更加投入。通过交流，学生能够感受到教师对自身的关注和支持，这种情感上的满足可以有效激发对学习的兴趣，形成主动学习的动力。良好的师生关系使课堂氛围更加和谐，进一步增强学生的学习信心。

师生之间的有效互动可以帮助学生明确学习目标和方向。在互动中，教师通过提问、引导和反馈，使学生更好地理解教学内容，并对自己的学习状况有更清晰的认识。学生在教师的启发下，能够设定切实可行的学习目标，增强自我规划能力。目标的明确让学生的学习方向更加清晰，同时增强继续努力的信心和决心。

教师在互动中提供的及时反馈对学生学习动机的提升起着关键作用。通过对学生的表现进行具体、正向的评价，教师能够让学生认识到自身的进步，同时明确需要改进的地方。这种及时反馈能带来成就感，帮助学生树立积极的学习态度。正向的互动不仅推动了学习进步，还形成了一种激励循环，促使学生持续努力。

（二）互动教学的模式与方法

互动教学模式通过激发学生的积极参与，营造充满交流与合作的课堂环境。在这一模式中，学生是学习的主体，教师则充当引导者和支持者角色。通过提问、讨论和小组合作等方式，教师鼓励学生主动思考和表达观点。在这种课堂环境中，学生的自主性得到提高，学习的兴趣和效果也显著增强。

互动教学方法多样化，能够针对不同教学目标发挥独特作用。小组讨论可以促进学生之间的思想交流，激发深层次的理解；角色扮演则通过情境化学习帮助学生在实践中掌握知识；情境模拟可以让学生体验真实的学习场景，增强解决问题的能力。这些方法不仅丰富了课堂形式，还使学生的参与度和学习成效得到了显著提高。

为了充分发挥互动教学的优势，教师需要根据课堂内容和学生的特点灵活选择互动方式。不同的学科和教学目标需要匹配特定的互动策略。精心设计活动内容，并确保每位学生都有机会参与其中，是互动教学成功的关键。通过不断创新教学方法，教师能够在互动中实现知识的高效传递，同时激发学生更高的学习动机。

（三）提升互动效果的具体措施

要提升师生互动的效果，教师需要设计具有吸引力和挑战性的教学活动。精心设计的活动应能够激发学生的好奇心和思考能力，使他们在活动中找到学习的乐趣。鼓励学生提出问题并积极参与讨论，有助于培养其批判性思维和表达能力。在开放的课堂氛围中，学生更容易克服心理障碍，主动融入课堂。

课堂互动效果的提升还需要教师关注学生的反馈和表现。通过观察学生的反应，教师可以判断互动的有效性，并据此调整活动内容和形式。灵活的互动设计不仅提高了课堂效率，还使不同类型的学生都能找到适合自己的学习方式，从而增强其参与感和学习积极性。

情感交流是提升互动效果的重要因素。教师应关注学生的情感需求，通过耐心的关怀和积极的鼓励建立融洽的师生关系。良好的情感互动可以为学生提供安全感，使其在课堂中更加自信和投入。通过与学生建立深厚的情感纽带，教师不仅能改善课堂互动质量，还能显著提高整体教学效果和学生的学习动力。

四、同伴学习的价值

同伴学习是一种在学习过程中通过同学间的合作与互动来提高学习效果的教育方式。研究表明，同伴学习能够促进学生的认知发展和社会交往能力，增强学习动机和合作精神。探讨同伴学习对学习效率的影响、合作学习中的角色分工以及同伴学习环境的构建与优化，为有效利用这一学习方式提供了可操作的指导。

（一）同伴学习对学习效率的影响

同伴学习能够极大地提高学习效率。通过与同学之间的合作和讨论，学生能够在相互交流中更深入地理解知识内容。学习过程中，同伴的思维方式和见解常能为学生提供新的启发，使其更全面地看待问题。同伴之间的相互启发和共同探讨，使学习过程变得更加有趣和高效，增强了学生的学习效果。

在同伴学习中，学生通过讲解和交流能够进一步巩固知识。当学生试图向同伴解释一个概念或解答问题时，自身的思维也会更加清晰。这种教学他人的过程不仅加深了学生对知识的理解，还锻炼了表达能力和逻辑思维能力。同伴之间的学习互动能够激发学生的主动性，使他们更加自信地面对学习挑战。

同伴学习还能够缓解独立学习时的压力，为学习注入更多的乐趣。合作学习中，同伴的支持和鼓励使学生在遇到困难时更有毅力去克服问题。彼此的帮助不仅增强了信心，还促使学生养成坚持不懈的学习态度。同伴学习通过营造轻松、互助的氛围，提高了学生的学习效率，使学习成果更显著。

（二）合作学习中的角色分工

合作学习的成功在很大程度上取决于合理的角色分工。每个学生在小组中的角色应根据其能力和兴趣进行分配，确保每个成员都能充分发挥自身优势。擅长表达的学生可以担任发言人，擅长组织的学生可以负责小组协调。这种分工能够提高学习效率，同时增强学生对小组学习的认同感。

角色分工不仅是任务的合理分配，还是培养学生社会技能的重要方式。在小组中，学生通过担任不同角色，可以锻炼沟通、协作和领导能力。典型的角色分工包括领导者、记录员、时间管理员和资源协调员等，每个角色都承担着重要的职责。角色的轮换还能帮助学生全面发展多方面能力，提高团队合作的质量。

合理的角色分工可以有效减少学生之间的依赖心理，培养独立解决问题的能力。每位成员都有明确的任务和目标，使学生在合作中找到自己的定位。分工明确的合作环境能够提升个人责任感，同时通过团队协作实现共同学习目标。这种模式不仅推动了小组学习的顺利进行，还促进了学生综合能力的提升。

（三）同伴学习环境的构建与优化

同伴学习环境的构建和优化是确保合作学习顺利进行的基础。一个良好的同伴学习环境应为学生提供丰富的互动机会和充足的资源支持。教师可以通过设计小组活动和课外实践，帮助学生创造更多的合作学习情境，使其在实践中充分感受到同伴学习的优势。

优化同伴学习环境需要关注公平性和包容性。教师应确保每位学生在小组中都能发挥作用并参与讨论，避免部分学生因性格内向或能力差异而被边缘化。通过设定清晰的任务和目标，教师可以促进学生在小组中的平等协作，让每个人都能为学习目标的实现作出贡献。

对学生行为和学习成果的反馈是优化同伴学习环境的重要一环。在合作学习的过程中，教师应通过观察和评价，定期向小组提供改进建议。这种反馈机制能够帮助学生发现问题并及时调整学习策略，从而提高学习质量。通过构建公平、互动性强且持续优化的同伴学习环境，学生能够在合作中获得更加显著的成长与进步。

第三节　学生自我管理能力

一、自我管理的概念

自我管理是一种个体在情绪、行为和学习过程中进行自主调节的核心能力，对学习效率和效果的提升具有重要意义。良好的自我管理能力能够帮助学生在学习中合理规划时间、管理情绪、明确目标，从而更有条理地完成学习任务。在时间管理方面，学生通过制订学习计划和优先事项，能够将有限的时间分配到最需要的任务上，避免浪费时间或陷入无序的学习状态。在情绪管理中，自我管理帮助学生保持平和心态，克服学习中的压力和挫折，增强面对困难的心理韧性。目标管理则使学生在学习中能够明确任务要求，逐步实现阶段性成果，增强成就感和学习动力。部分学生的自我管理能力存在不足，表现在学习计划不明确、时间分配不合理以及情绪调节能力薄弱，这些问题影响了学业效率和效果。要加强自我管理能力，需通过培养良好的学习习惯、开展情绪管理训练以及建立清晰的目标体系等途径实现提升。自我管理能力的增强不仅能够促进学业成功，还为学生在未来的生活和工作中应对挑战奠定了重要基础。

（一）自我管理能力的内涵与意义

自我管理能力是个体在各类情境中保持自我控制和有效管理的能力。它包括情绪管理、时间管理、目标设定和自我激励等方面。在学习过程中，自我管理能够帮助学生合理安排学习时间，避免拖延，并保持积极的学习态度。这种能力促使学生能够在没有外部监督的情况下，依然有效进行学习和任务完成。

自我管理的意义在于它能够提升学生的自主学习能力。学生具备较强的自我管理能力时，可以根据个人需求主动寻找学习资源，设定并完成学习目标，从而推动学业进步。通过自我管理，学生能够更加独立地思考和解决问题，形成较强的自我驱动力，并逐步适应社会和职业的需求。

除了学习中的应用，自我管理能力对学生的全面发展也具有重要作用。在日常生活中，良好的自我管理能够帮助学生管理情绪、减轻压力，并建立健康的生活习惯。自我管理不仅能提升学术成绩，还能培养学生的责任感、独立性和解决问题的能力，从而为其未来的发展奠定基础。

（二）学生在学习中的自我管理现状

许多学生在学习中的自我管理能力仍显不足。学生往往在时间管理、任务规划和情绪调节方面存在困难，导致学习效率低下或缺乏长期动力。尤其是在面对繁重的课业任务时，部分学生无法有效分配学习时间，常出现拖延和焦虑的情绪，影响了学习效果。

在情绪管理方面，许多学生在遇到学习压力和挑战时，缺乏有效的应对策略，容易产生焦虑和消极情绪。这种情绪波动不仅影响学习表现，还对学生的心理健康产生不利影响。学生对于目标设定和自我激励的能力也普遍较弱，缺乏明确的学习计划和内在动力，导致学习过程中的盲目性和不连续性。

尽管有些学生具备一定的自我管理意识，但在实际操作中常受到外部环境的影响，如过度依赖教师的指导、缺乏明确的目标引导等。为了更好地促进学生的自我管理，教育者需要深入了解学生在自我管理方面的现状，发现问题并进行针对性的指导，以帮助学生提高其自我调节和管理的能力。

（三）加强自我管理的路径

加强自我管理的路径在于为学生提供有效的教育支持和实践机会。学校可以通过开设时间管理、情绪调节和目标设定等方面的课程，帮助学生提高自我管理的意识和能力。教师应通过课堂教学和个别辅导，引导学生设定合理的学习目标，并定期进行自我反思，促进学生在学习过程中不断提升自我管理能力。

实践性活动是加强自我管理的重要途径。通过实践活动，如小组项目、个人学习计划等，学生能够在实际操作中培养自我管理能力。学校可以设计任务导向的学习项目，鼓励学生根据自己的实际情况制订学习计划，并评估任务完成情况，这能够帮助学生培养责任感和自主学习能力。

家长和社会的支持对学生的自我管理也起着至关重要的作用。家长应鼓励学生在家庭中进行自我管理，帮助其建立良好的时间管理和学习习惯。社会环境的支持，尤其是在工作场所或社会实践中的经验，也能够为学生提供自我管理能力的进一步发展平台。

二、学习目标的设定

学习目标的设定是引导学生高效学习的重要环节。明确的目标能够为学生提供清晰的方向，使其在学习过程中更加专注于任务本身，同时有效避免分心和精力浪费。科学合理的目标设定不仅可以提高学习效率，还能够激发学生内在的学习动机，促使其主动追求更高的学术成就。一个明确的目标使学生能够清楚地了解学习的具体要求，并以此为基础分解任务，逐步完成每一个阶段的学习内容。目标设定需要遵循具体性、可行性和可评估性等原则，确保学习者既能够看到努力的方向，又能够感受到目标达成的可能性。在学习过程中，目标的调整与监控同样重要，根据实际进展动态优化目标，不仅能够维持学生的学习热情，还能帮助及时纠正偏差，从而实现学习效率和学习效果的双提升。学习目标的有效设定与实施，不仅是个人学术发展的关键，还为学生未来的职业规划和成长奠定了坚实的基础。

（一）明确学习目标的重要性

明确的学习目标为学生提供了清晰的方向和动力，使他们在学习过程中不再感到迷茫或困惑。设定明确的目标后，学生能够聚焦于具体任务，避免分散注意力，从而更有效地投入学习中。目标不仅为学生的学习过程提供了清晰的路径，还使他们能更好地掌握学习节奏，从而实现既定的学习成果。无论是在短期学习任务还是长期学习计划中，明确的目标都是学生持续前进的动力源泉。

学习目标能够提升学生的学习动机，特别是当目标能够激发学生的内在兴趣和责任感时，学生在面对学习挑战时更能保持积极的态度。清晰的目标设定为学生提供了明确的期望，激励他们更加努力地投入学习当中，克服遇到的困难，追求更高的成就。当学生能够清楚地了解自己的学习目标时，他们会为达成这些目标付出更多的努力，进而提高学习效率。

明确的学习目标还帮助学生进行自我评估。通过设定合理的目标，学生能够根据进展情况及时调整学习方法，并评估自己是否达成了预期的成果。这种自我评估能力有助于学生更好地了解自己的优势与不足，从而不断改进学习策略，保持对学习的热情和动力。定期的自我反思与评估能帮助学生在学习过程中保持积极的心态，避免因为暂时的困难而感到沮丧。

（二）目标设定的科学方法

科学的目标设定方法确保学习目标具备可操作性，并能有效地推动学习进程。SMART 原则作为一种常用的目标设定工具，强调目标应具备五个关键特点：具体性、可衡量性、可实现性、相关性与时间限制。根据这一原则设定的目标，能够帮助学生避免模糊不清的任务，同时确保目标在可行范围内。通过明确目标的各项要求，学生能够更清楚地知道如何实施每一步，最终实现预定的成果。

目标设定应考虑学生的个体差异，因为每个学生的学习需求、兴趣和能力都是不同的。教师在帮助学生设定目标时，需根据学生的特点与实际情况进行个性化的调整，以确保目标既具挑战性又不失可达性。通过因材施教的方式，教师能够帮助学生制定符合其发展水平的目标，这样能够激发学生的学习兴趣，同时确保他们在合理的难度范围内不断进步，最大限度地发挥潜力。

灵活性是目标设定中的一个重要因素。学习过程中，学生会遇到无法预料的困难或变化，目标设定应具有适应性，允许根据具体情况进行调整。灵活的目标设定能够帮助学生在面对挑战时不至于过于焦虑或感到失望，而是能够根据实际情况调整学习策略，继续向着目标努力。这种灵活性不仅增强了学生的适应能

力，还帮助他们在过程中积累了更多的应对经验，进一步促进其学习能力的发展。(见表 4-2)

表 4-2　科学目标设定的关键因素与实施要点

关键因素	实施要点
具体性	明确学习目标的内容和要求，避免模糊表述，“每天完成两篇阅读理解练习”
可衡量性	设定能够量化的标准，“考试成绩提高 5 分”或“每天背诵 20 个新单词”
可实现性	目标需要考虑学生的当前能力和资源，确保其具有现实可行性，而非遥不可及
相关性	确保目标与学生的个人需求、兴趣及学习计划一致，增强目标的实际意义和动力来源
时间限制	为目标设定明确的完成期限，“一周内完成本学期第一单元复习”
个性化差异	根据学生的特点和能力调整目标难度，实现因材施教，激发学生潜力
灵活性	在目标设定中留出调整空间，允许学生根据实际情况修改目标，以适应新的学习挑战

（三）目标实现过程中的调整与监控

在目标实现过程中，定期的调整和监控起到了至关重要的作用。学习是一个动态过程，学生需要不断根据自己的学习进展进行自我评估，并根据评估结果对学习策略进行相应调整。通过持续监控目标的执行情况，学生能够及时发现与预期目标之间的偏差，并做出有效的调整，确保学习方向始终与既定目标保持一致。持续的监控使学生能够紧跟学习的节奏，避免迷失方向，确保每个学习阶段都在有效推进。

目标实现过程中的调整应依赖于具体的反馈和数据支持。教师与学生可以共同设定定期检查点，定期回顾学习进度并进行分析。这种检查点不仅帮助学生评估学习目标的达成情况，还为进一步的调整提供了科学依据。根据学习进展，任务的难度、学习方法和时间安排都可以根据实际情况进行相应调整。灵活的调整能够避免学生因过于僵化的学习计划而感到挫败，同时确保目标实现的路径始终有效、可行。调整的过程中，学生能够更加精确地识别自己在学习中的强项与薄弱环节，从而进行有针对性的改进。

监控与调整还能够帮助学生逐步培养自我调节能力。通过定期回顾和反思目标实现过程，学生能够学会自我评估学习策略，及时调整不适合的学习方法，改进自己的学习行为。这种自我调节能力的培养，不仅提升了学生的自主学习能力，还增强了其应对挑战的韧性。通过不断地调整与反思，学生能够在每个学习周期中逐步优化学习策略，最终实现预定的学习目标，达到更高的学习成效。

三、时间管理与计划

时间管理与计划是提高学习效率和个人发展的核心能力。有效的时间管理能够帮助学生合理安排学习任务，避免拖延，确保各项任务按时完成。学习计划的制定与实施、时间管理技能的培养是学生提高时间利用率、实现目标的重要途径。探讨有效时间管理的基本原则、学习计划的制定与实施方法以及时间管理技能的培养，可以为学生提供有力的支持，帮助其更好地管理时间，提升学习效果。

（一）有效时间管理的基本原则

有效的时间管理是提升效率和实现目标的关键，基于合理规划与高效执行的原则。时间管理的核心在于优先级排序、任务分解以及定期评估。学生应根据任务的重要性和紧急性进行排序，将最重要且紧急的任务优先完成，以确保关键工作按时推进。这种方法能够帮助学生避免遗漏重要事项，同时减少无效时间的浪费，为目标的实现提供保障。

任务分解是时间管理的另一重要策略。面对复杂任务时，合理的分解能够将繁重的工作转化为多个可操作的小步骤。通过分阶段完成任务，学生不仅可以缓解压力，还能在每一步的完成中获得成就感。这种方法让学生更加专注于当前任务，同时为整体目标的完成奠定基础。任务分解的策略还能提升学生的信心和动力，从而提高学习与工作的效率。

定期评估则是时间管理中不可或缺的持续环节。在任务实施过程中，学生需要对进度进行定期检查，以便及时发现偏差并作出调整。通过回顾目标达成情况，学生可以优化时间分配，保持任务执行的连贯性和高效性。定期评估还能够帮助学生总结经验，不断提高时间管理的能力，使目标实现更加高效和科学。

（二）学习计划的制定与实施

学习计划的制定应遵循科学性和个性化的原则，并根据学生的实际需求动态调整。一份完善的学习计划需要明确具体目标，将时间合理分配到每项任务中，同时设置阶段性目标和长期规划。学生在制定计划时应注重紧张与松散的平衡，确保每项任务既有足够的时间完成，又不会拖延整体进程。兼顾短期目标和长远规划，有助于学生在学习过程中保持明确的方向。

在学习计划的实施中，学生需注重实际的任务执行效果。通过根据任务优先级安排每天的学习内容，学生可以有条不紊地推进各项任务。实施过程中，学生应根据实际情况灵活调整时间和方式，避免因拖延或过度专注某一任务而影响整体计划的推进。计划的灵活性能够帮助学生在多变的学习环境中保持效率。

学习计划的执行还需要建立自我监督与反馈机制。学生应定期对计划的完成情况进行评估，检查时间分配是否合理，任务是否按计划完成。通过及时反馈，学生能够发现潜在问题，分析原因并作出调整。有效的自我监督与反馈不仅能提高计划的执行力，还能帮助学生积累经验，逐步优化学习方法和时间管理策略，确保学习目标的实现。

（三）时间管理技能的培养

时间管理技能的培养需要经历实践与反思的不断循环。学生应在实践中掌握任务规划和时间分配技巧，积累经验并增强自我调节能力。通过日常的时间管理实践，学生逐渐提高对时间的敏感性，能够更清晰地识别任务的优先级和时间需求，从而提升对时间利用的掌控能力。

在培养时间管理技能的过程中，学生需要着力克服拖延与冲动等行为习惯。拖延是时间管理中的常见问题，学生可以通过分阶段设定小目标并附加奖励机制的方式减少拖延现象。持续的实践和调整有助于学生形成良好的时间观念和行为习惯，提升工作与学习效率。自我控制能力的提升是时间管理技能的重要组成部分，需要学生在实践中不断锤炼。

批判性思维与反思能力是培养时间管理技能的关键因素。学生应在每次完成任务后进行反思，评估时间管理的效果与任务的完成情况，分析成功与不足的原因。定期的自我评估能够帮助学生优化时间管理策略，改进不足之处，提升执行力与适应能力。通过持续的反思与调整，学生将逐步掌握高效的时间管理技能，为未来的学习和生活打下坚实基础。

四、反思与自我评估

反思与自我评估是促进学生自主学习和不断提高学习效果的关键工具。通过反思，学生能够总结经验，发现不足，并改进学习策略；而自我评估则帮助学生客观评定自己的学习进展和成效。探讨反思对学习能力提升的作用、自我评估方法与工具的应用以及建立反思与评估的常规机制，有助于学生持续提高自我管理和学习能力。

（一）反思对学习能力提升的作用

反思在学习过程中发挥着不可忽视的作用，它不仅帮助学生从以往的经验中汲取教训，还能促使学生对自己的学习方式进行深刻思考，从而发现问题并进行及时调整。通过深入剖析学习过程中的成功与失败，学生能够识别出最有效的学习策略，将其应用于今后的学习中，提高整体效率。定期的自我反思有助于学生更好地理解知识内容，进而提升学习质量和深度。反思还能够促进学生思维的多样化和深入性，使其不仅停留在表面层次，还能理解知识的内在联系和结构。

反思对于提升学习方法的有效性至关重要。学生通过回顾自己的学习习惯，能够发现其中存在的非理性行为，如拖延症、时间管理不当等，并从根本上进行调整。通过制定更加细化、阶段性的目标，学生能逐步克服拖延，提升学习效率。反思还能帮助学生重新审视自己的学习态度，保持积极主动的学习状态，进而逐步形成一种高效的学习习惯，推动长期学习效果的提升。通过反思，学生能更清晰地了解自身的学习状态和进展，从而制定出更适合自己的学习策略，避免重复同样的错误。

反思的价值不仅仅体现在学术领域，它还能帮助学生在多方面获得成长。通过自我反思，学生能发现自己的优势和不足，从而设定更具挑战性和实际性的目标，推动自我成长。在面对复杂任务和长期学习过程中，学生能够通过反思调整策略，增强解决问题的能力。定期的反思帮助学生建立了更强的自我管理能力，使其在未来的学习和职业生涯中能够更加从容应对各种挑战，从而为未来发展奠定了坚实的基础。

（二）自我评估方法与工具的应用

自我评估是学习过程中的重要组成部分，它能帮助学生清晰了解自己在学习中的进展与瓶颈。通过设定明确的学习目标，学生可以定期检查目标的完成情况，从而发现偏差并及时进行调整。自我评估让学生能够主动分析自己的学习方法和学习态度，找出潜在的问题，并通过调整策略改进学习效果。通过这种方式，学生能够在不断反馈的基础上调整学习路径，以更高效的方式达到目标。

使用合适的自我评估工具，学生能够对学习进度和效果进行更加系统化的记录和分析。学习日志、量表、评分标准和问卷调查等工具都能帮助学生深入了解自己的学习状况，并根据数据进行反馈。通过详细记录每日的学习任务和成果，学生能够总结影响学习效果的关键因素，并不断优化自己的学习方式。学习日志能够帮助学生梳理每天的学习任务，发现时间管理中存在的漏洞，调整学习计划，以提高整体效率。

通过结合自我评估方法与工具，学生能够在学习过程中不断获得反馈，并根据反馈信息调整学习行为。这种自我监控的方式能够帮助学生逐渐形成良好的学习习惯，提高自主学习的能力。通过定期的评估，学生不仅能够发现学习中的问题，还能根据具体情况调整目标和策略，从而提升学习效果。科学的自我评估工具能够帮助学生更加全面地掌控学习过程，增强学习的自主性和有效性。

（三）建立反思与评估的常规机制

反思与评估机制的常规化，是学生持续进步的重要保障。学校与教师可以通过定期组织反思活动，激励学生不断审视自己的学习状态，并从中获得新的启示。通过定期的学习总结、组内讨论和个人反思，学生能够从不同角度评估自己的学习过程，识别改进点。常规化的反思机制不仅能够促进学生保持对学习的关注，还能帮助其不断优化学习策略，提升学习效率。

反思与评估机制的成功实施需要师生之间的密切互动。教师在学生的学习过程中发挥着引导和支持作用。通过及时的作业点评、课堂互动和个别面谈，教师能够为学生提供有价值的反馈，帮助学生发现薄弱环节并提出有效的改进方案。教师的反馈不仅为学生提供外部视角，还能帮助其在反思过程中更深入地认识到自身问题，确保评估过程更加客观和准确。通过互动反馈，学生能够及时获得调整策略的依据，确保学习方向的正确性。

反思与评估的机制应该注重个体差异，根据学生的需求和特点提供灵活的评估方式。对于自主性强的学生，可以设计更为灵活的自我反思计划；而对于需要更多引导的学生，教师可以提供更具结构化的反思框架。通过个性化的反思与评估方式，学生能够在最适合的节奏下进行自我提升。学生既能保持学习的主动性，又能在教师的帮助下克服学习中的困难，从而有效实现学习目标的达成。

第四节　评价学生的学习成效

一、形成性评价的实施

形成性评价是对学生学习过程的持续跟踪与反馈，旨在通过不断收集学习数据帮助学生调整学习策略，提升学习效果。与总结性评价不同，形成性评价关注的是学习的过程，而非单纯的结果。探讨形成性评价的定义与特点、评价工具在教学中的应用以及实施形成性评价的注意事项，为教师提供了有效的实施指导，有助于优化教学过程，提升学生的整体学习质量。

（一）形成性评价的定义与特点

形成性评价是指在学习过程中对学生进行的持续性、动态性的评价，它不仅关注学生最终的学习成绩，还关注学生在学习过程中的表现和进展。与传统的总结性评价不同，形成性评价更加注重反馈和改进，旨在促进学生的学习动力和学习策略的调整。通过形成性评价，教师能够及时发现学生的优点和不足，及时调整教学内容和方法，从而帮助学生更有效地达成学习目标。

形成性评价的一个显著特点是其灵活性。教师根据学生在学习过程中的不同表现，可以随时调整评价的标准和方法，使得评价更加贴合学生的实际需求。这种评价方式可以通过多种形式进行，课堂观察、学生作业、口头反馈等，灵活的评价形式能够帮助教师更全面地了解学生的学习状况。

形成性评价强调反馈的及时性与有效性。教师在评估学生表现的同时，需要提供及时且具体的反馈，帮助学生了解自己的学习状态，并指导其如何进行调整。通过这种即时反馈，学生可以在学习过程中发现问题并进行改进，从而不断优化自己的学习策略，提高学习效率。

（二）评价工具在教学中的应用

评价工具是实施形成性评价的重要手段。常见的评价工具包括自我评价量表、同行评审、课堂讨论记录和学习日志等。这些工具能够帮助教师系统地收集学生的学习数据，评估学生的进展，并为后续的教学调整提供依据。自我评价量表能够让学生主动反思自己的学习，了解自己的优缺点，培养其自主学习的意识和能力。

同行评审也是一种有效的评价工具，特别是在合作学习的环境中，学生互相评价不仅有助于提高其批判性思维，还能加深对知识的理解。教师可以设计同行评审活动，让学生在相互评估中发现问题，并从中获取启发，进一步提升学习效果。

学习日志作为一种长期追踪学生学习进展的工具，能够帮助教师了解学生的学习思路和情感波动。学生通过记录学习过程中的收获与困惑，能够更好地理解自己的学习状态，而教师则能够通过日志进行针对性的指导，提供必要的支持。合理使用这些评价工具，有助于提升教学效果和学生学习的深度。

（三）实施形成性评价的注意事项

在实施形成性评价时，教师需要注意避免过度依赖单一的评价标准或工具。形成性评价应当是多角度、多维度的，教师应结合学生的不同需求，采用多种评价形式，以确保评价结果的全面性和客观性。单一的评价工具无法全面反映学生的学习情况，因而应综合运用观察、反馈、作业等多种方法，全面把握学生的学习进度和状况。

实施形成性评价时，还应注意及时性和有效性。评价的关键在于为学生提供有效反馈，教师需要确保每次评价后都能给出及时的反馈，帮助学生及时发现学习中的问题并进行改进。过于迟缓的反馈会削弱评价的作用，导致学生无法及时调整自己的学习策略。

教师在实施形成性评价时应关注学生的个体差异。不同的学生有不同的学习风格和需求，评价标准和方法应当具有一定的灵活性，确保每个学生都能在合适的环境中得到评价和支持。个性化的评价策略有助于激发学生的学习潜力，促进其全面发展。

二、基于能力的评价标准

基于能力的评价标准是现代教育中对学生综合素质进行评估的核心方式。与传统的知识掌握评估不同，能力导向的评价强调学生在实际情境中的应用能力、问题解决能力和创新能力。分析能力导向评价的核心要素、语文学习能力的评价设计以及能力评价标准的改进方向，能够帮助教育者构建更科学的评价体系，促进学生全面发展。

（一）能力导向评价的核心要素

能力导向评价的核心要素包括知识的实际应用、解决问题的能力、批判性思维和创造性思维。与传统评价标准不同，能力导向评价注重学生在实际情境中的表现，特别是学生如何将所学知识转化为实践能力。教育过程中，教师应通过实际任务和情境设计，评估学生在不同情境下的应用能力，以确保学生不仅掌握了知识，还能有效应用知识解决实际问题。

能力导向评价强调学生的批判性思维和创造性思维。教育不仅仅是知识的传授，更重要的是培养学生分析问题、思考问题的能力。在评价中，学生是否能够独立思考并提出创新性解决方案，成为衡量其能力的重要标准。评价过程中，教师应通过具体任务，检验学生的独立思考能力和创新意识，促进学生全面能力的提升。

能力导向评价还应关注学生的合作能力与沟通能力。如今的社会强调团队合作与跨学科的沟通能力，学生是否能够有效与他人协作，并在团队中发挥作用，已成为评价其综合能力的重要方面。通过小组讨论、团队任务等形式，教师能够有效评估学生在合作中的表现，进而综合评判其能力水平。

（二）语文学习能力评价的设计

语文学习能力的评价设计应注重语言综合运用能力的考察。与传统的语文考试偏重知识点的掌握不同，语文学习能力评价应从语言表达、理解和创造等多个方面进行评估。学生的写作能力、阅读理解能力、口语表达能力以及听力理解能力都应纳入评价范围，从而全面了解学生的语文能力水平。

在设计语文能力评价时，教师应结合学生的学习实际，通过不同形式的评价任务来检验学生的各项语言能力。写作任务能够检验学生的语言组织能力和思维表达能力，阅读任务则考查学生对文本的理解和分析能力，而口语和听力任务则侧重于语言的实际应用能力。这种综合性评价能够更全面地反映学生在语文学科中的综合素质。

语文学习能力的评价设计还需要注重学生的个体差异。每个学生的语文能力和学习风格各不相同，设计的评价标准应具备灵活性。通过个性化的评价体系，教师能够更准确地了解每个学生的学习特点，帮助学生在语文学习中实现个性化发展。合理的评价设计能够为学生提供针对性的反馈，促进其能力的进一步提升。

（三）能力评价标准的改进方向

能力评价标准的改进应朝着更加灵活和全面的方向发展。传统的单一知识评估模式已经不能适应新时代教育需求，评价标准需要更加关注学生在实际问题解决中的表现。未来的能力评价标准应更加注重跨学科能力的培养，评估学生在实际情境中如何综合运用多领域的知识进行创新性思考和解决问题。

评价标准的改进还应当注重形成性评价的引入。与传统的终结性评价不同，形成性评价侧重于学生学习过程中的持续监控和反馈。教师应在学习过程中通过观察、课堂互动、作业分析等方式，持续了解学生的学习状态和能力发展，从而根据学生的实际进展提供个性化的指导和帮助。这种动态评价方式能够使学生在学习中获得更多的支持，促进其能力的逐步提升。

评价标准的改进还应考虑到技术的应用。现代教育技术的不断发展为评价提供了更加丰富和精确的手段。通过数据分析工具、在线平台和智能化评测，教师可以更加精准地获取学生的学习数据，实施基于数据的能力评估。这种数据驱动的评价方式能够有效消除传统评价中的主观性和局限性，使评价更加科学、公正和全面。

三、反馈对学习的促进

反馈在学习过程中扮演着至关重要的角色。有效的反馈不仅能够帮助学生发现自己的优点和不足，还能够提供改进学习策略的依据。及时和有效的反馈可以显著提高学生的学习效果和动机，促进其持续进步。分析反馈的及时性与有效性、不同类型反馈对学习的影响以及基于反馈的改进策略，有助于优化教育方法，提升学习质量。

（一）反馈的及时性与有效性分析

反馈的及时性在学习过程中起着至关重要的作用。及时反馈可以帮助学生快速识别问题，避免将错误积累成更大的难题。通过快速的反馈，学生能够立刻了解到哪些方面的学习方法需要改进，从而在最短时间内做出调整。通过这种方式，学生能够在学习过程中保持高度的专注，确保学习进度不会因为未及时发现问题而受到拖延。及时反馈促使学生在学习过程中不断纠正偏差，确保每个阶段的学习都走在正确的轨道上。

反馈的有效性同样至关重要。有效反馈不仅仅是及时的，它还必须具备针对性、具体性和可操作性。模糊的反馈往往难以引导学生明确问题所在，反而造成更多的困惑和焦虑。有效反馈能够帮助学生清楚地认识到自己在学习中的薄弱环节，并且提供具体的改进建议。通过反馈的引导，学生能够准确地识别自己的优缺点，明确下一步的学习重点，增强自我调整能力，最终推动其在学习中的持续进步。

当及时性与有效性相结合时，反馈的质量对学生学习的促进作用显著提升。及时且具体的反馈能够有效激发学生的学习动力，让学生感受到自己的进步和需要改进的地方。建设性的反馈能帮助学生不断修正学习方向，逐步建立自信。通过正向的反馈引导，学生能够增强自我认知，理解如何进一步提升自己，从而保持学习的动力和热情，最终达到预期的学习目标。

（二）不同类型反馈对学习的影响

不同类型的反馈对学生的学习效果产生不同的影响。正向反馈通过肯定学生的优点，能够增强学生的自信心和学习动机。学生在收到正向反馈后，会更加有信心继续坚持并提升自己的表现。教师的积极鼓励让学生认识到自己在某些方面的优势，激发其进一步努力的动力。正向反馈也能增强学生对学习的兴趣，鼓励学生在持续学习中保持积极心态，从而实现长期的学术进步。

负向反馈虽然引起学生的情绪波动，但其在学习中的作用同样不可忽视。当负向反馈能够清晰地指出学生的错误，并提供具体的改进方案时，它能够有效地帮助学生认识到自己的不足。负向反馈提供了改进的契机，让学生在反思错误的同时调整学习策略。通过负向反馈，学生能够进一步提升自我认知，并从错误中吸取经验教训，促进学习的深度和广度。

同伴反馈也是学习过程中一种重要的支持手段。通过同伴间的互动与反馈，学生能够接触到不同的观点和思维方式。这种互动不仅帮助学生发现自己的盲点，还能够开阔其思维视野，激发创新思维。与同伴的讨论能够促使学生从不同的角度思考问题，增强其分析和解决问题的能力。通过同伴反馈，学生能够获得更多的启发，从而全面提高学习水平。不同类型的反馈结合使用，能够在多个层

面支持学生的学习进步。(见表 4-3)

表 4-3 不同类型反馈对学生学习影响的维度分析

反馈类型	主要影响维度	具体作用	可能的情绪反应	提升策略
正向反馈	自信心、积极性	强化学生的自豪感，增强成就感，激励持续进步	积极的情绪反应	提供更多表扬，鼓励继续保持
负向反馈	自我认知、学习策略调整	促使学生识别不足，并调整学习方法	可能的情绪波动	具体指出错误并提供改进建议
同伴反馈	思维拓展、认知碰撞	激发学生多角度思考，帮助发现盲点	可能的焦虑或挑战感	鼓励开放讨论，促进观点交换

(三) 基于反馈的改进策略

基于反馈的改进策略能够帮助学生有效提升学习效率。在收到反馈后，学生应积极进行自我反思，针对反馈中指出的问题制定改进措施。学生不仅要分析自己的错误所在，还应总结改进的具体方法，并在后续的学习中积极应用。通过持续反思和自我调整，学生能够在不断地反馈循环中不断优化自己的学习策略。

教师应基于反馈调整教学策略，以适应学生的学习需求。教师可以根据学生对反馈的接受情况，适时调整反馈方式和内容。如果学生对某种类型的反馈反应较好，教师可以适当增加该类型反馈的频率和深度，以增强其学习效果。教师还应鼓励学生在反馈过程中提出问题和疑惑，从而进一步提升反馈的互动性和效果。

建立一个基于反馈的持续改进机制至关重要。学校可以设计定期的反馈评估体系，让学生在不同的学习阶段获得及时且有深度的反馈。定期的反馈能够帮助学生及时调整学习方向，避免在长期的学习中养成不良习惯。通过持续的反馈和改进，学生能够在学习过程中不断突破自我，取得更好的学术成绩。

四、评价结果的应用

评价结果是学生学习成果的体现，更是教育过程中重要的反馈机制。它不仅帮助学生了解自身的优缺点，还为教师提供了优化教学策略的依据。有效地应用评价结果能够推动学生的成长、改进教学方法并加强家校沟通。探讨评价结果在学生成长中的作用、结果分析对教学方法的指导以及结果展示与家校沟通的结合，能够提升教育的整体效果。

（一）评价结果在学生成长中的作用

评价结果为学生提供了清晰的自我认知，帮助学生全面了解自身优点和不足。在学习过程中，学生能够通过评价结果发现薄弱环节，并根据反馈进行针对性的调整和改进。这种清晰的自我认知不仅推动学术能力的提升，还促进学生全面发展的能力。通过不断地评价与反馈，学生能够更好地提升学习方法，逐步增强自我管理能力与自主学习的意识，从而获得持续进步。

评价结果还能激励学生追求更高的目标，为学生的成长注入持久动力。当学生在评价中看到自己的进步，获得成就感时，自信心会随之增强，并进一步激发对学习的兴趣与热情。对于成绩优秀的学生，评价结果能够引导其设定更高的学术目标，推动其在学习中不断突破自我；而对于成绩暂时落后的学生，评价结果可以明确改进方向，为其克服学习困难提供支持和希望。

评价结果不仅是对学生学术能力的反映，还能帮助其树立正确的学习观念。学生在面对评价时能够认识到学习是一个持续积累与改进的过程，而不仅仅是简单的分数竞争。这种观念的形成能帮助学生培养良好的学习心态，增强内在学习动机，为其在未来的学习与生活中实现长远发展打下坚实基础。

（二）结果分析对教学方法的指导

评价结果的分析为教师改进教学方法提供了宝贵的依据。通过对评价数据的深入分析，教师能够识别哪些教学内容和方法对学生最为有效，以及哪些教学环节需要优化。结果分析能够精准反映学生的学习状态，帮助教师更有针对性地调整教学策略，确保课堂教学更贴近学生的实际需求，从而提高教学的整体质量和效率。

结果分析还能够帮助教师更好地满足不同学生的需求。对于学习表现较好的学生，教师可以设计更具挑战性的课程内容和任务，进一步激发其潜力；而对于表现稍弱的学生，教师则可以提供额外的辅导和支持，帮助其弥补知识的短板。通过基于评价结果的差异化教学设计，教师能够有效提升每个学生的学习体验与成长速度，推动整体教学质量的提升。

教学方法的优化是一个持续过程，需要依赖对评价结果的长期反馈与跟踪。通过对学生多阶段学习成果的系统分析，教师能够掌握不同阶段学生的学习进展，并据此制定动态的教学调整方案。结果分析不仅能评估当前教学效果，还为未来的教学策略提供了方向性的指导，帮助教师不断创新教学方法，满足学生的多样化需求。

（三）结果展示与家校沟通的结合

评价结果的展示为家校沟通提供了重要桥梁，使家长能够更加全面地了解学生的学习状态和成长进展。通过定期分享评价结果，教师能够帮助家长清晰掌握学生在不同学科的表现及综合素质的提升情况。透明化的评价展示为家长和教师之间的有效沟通创造了条件，双方能够共同探讨学生的学习问题与成长需求，形成教育合力。

评价结果展示的内容不仅应包括学术成绩，还需涵盖学生的课堂表现、学习态度及综合能力发展。家长通过这些数据能够了解学生在校的全面情况，从而在家庭教育中提供更加精准的指导与支持。通过这种全方位的展示，家长能够更好地参与到孩子的成长过程中，与学校合作培养学生的责任感、时间管理能力以及其他关键素质。

建立良好的家校沟通机制能够显著促进学生的全面发展。教师在展示评价结果时，可附带具体的改进建议及相关支持策略，而家长则可以在家庭环境中实施这些建议，与学校形成协同作用。通过有效的家校互动，学生能够获得来自学校和家庭的双重支持，克服学习中的各种困难，实现学术能力与综合素质的全面提升。

第五章　教学资源的开发与利用

第一节　教材与教具的选用

一、教材的适用性与实用性

教材的适应性与实用性直接影响着学生的学习效率和职业发展的能力。随着职业教育的不断发展，教材的内容和设计必须与实际需求紧密契合，确保学生所学知识能够在未来的职业中得到有效应用。探讨教材内容的职业匹配度、适应学生需求的设计原则及实用性教材案例的评估与改进，有助于提高教材的教育价值，增强其对学生的实际帮助。

（一）教材内容的职业匹配度分析

教材内容的职业匹配度决定了学生所学知识的实际价值。职业教育的核心目标是培养学生的实际操作能力和行业知识，教材内容必须密切结合行业需求，确保学生能够在课堂上学到的内容直接适用于未来的职业实践。教材应根据行业的发展趋势、职业标准及市场需求进行更新，确保所传授的知识能够满足当前就业市场的技能要求。

教材内容的职业匹配度还体现在技能培养的全面性和深度上。教材应包含行业必需的基础知识和专业技能，并通过案例分析、实训任务等形式，帮助学生理解和应用这些技能。教学内容不仅涉及行业相关的理论知识，还应通过实用技术、操作规范等内容的引入，增强教材的职业性，提升其针对性和实用性。

职业匹配度高的教材能够有效桥接教育与行业之间的鸿沟。教材的内容如果与职业要求脱节，将导致学生在毕业后面临就业困境。通过合理的职业需求分析，教材可以为学生提供更有价值的学习材料，使其具备进入职场的能力，推动学生从学校到职场的顺利过渡。

（二）适应学生需求的教材设计原则

适应学生需求的教材设计原则要求教材内容不仅符合职业标准，还要考虑到学生的学习特点和需求。教材设计应从学生的实际能力出发，针对不同层次的学生制定相应的学习内容与教学策略。教材内容需要通俗易懂，结构清晰，配有适当的学习资源，以帮助学生从基础到高级的逐步掌握所需知识。

在设计教材时，考虑学生的学习风格和兴趣至关重要。教材应当包含多样化的学习方式和活动形式，如互动练习、案例分析、小组讨论等，以适应不同学生的学习习惯。针对学生的不同需求，教材不仅要提供丰富的知识储备，还应引导学生进行独立思考和实践，从而激发学生的学习兴趣，提升主动学习意识。

有效的教材设计还应当具备灵活性和可持续性。随着学生需求的变化和教育环境的演变，教材设计需要具备不断更新和调整的能力。教材内容应包括与时代发展相关的最新知识和技术，帮助学生获得最前沿的行业信息。教材应有一定的延展性，鼓励学生自主探索和深入学习，适应其个人发展需求。

（三）实用性教材的评估与改进

实用性教材的评估与改进是确保教材能有效服务于教学目标的关键。评估实用性教材时，应重点关注其内容的实际应用价值。教材内容需要能够在职业实践中直接应用，具备较强的操作性和指导性。教师和学生的反馈意见对教材评估具有重要意义，教师应通过课堂实践和学生的学习成果，判断教材的实用性和有效性，定期进行教材内容的修订和更新。

实用性教材的评估还应考虑其结构设计和学习效果。教材的组织结构应便于学生的理解与应用，章节安排合理，重点突出，配有相应的学习工具和材料。通过实践教学的反馈，教师能够评估教材的实际效果，并依据学生的学习困难和教学反馈，针对性地进行内容优化和调整，确保教材具备实际的教学效用。

教材的改进应注重持续优化，以应对不断变化的教育需求和行业标准。教师可以结合行业发展趋势、学生学习反馈和教学成果，调整教材的内容、形式及方法，使其更符合学生的实际需求和职业技能要求。通过不断地评估与改进，教材

能够适应新兴行业和职业发展的变化，保持其在教育中的实用性和时效性。（见表5-1）

表5-1　实用性教材评估与改进维度分析

评估维度	关键指标	评估方法	反馈来源	改进策略
应用价值	知识的职业实践适用性	教师课堂实践、学生学习成果	教师、学生	更新内容，增加实际操作环节
结构设计	章节安排的合理性，学习工具的配套	通过学生的理解程度与课堂反馈评估	学生反馈、课堂表现	优化章节安排，提供更多辅助材料
学习效果	学生对教材内容的掌握程度	期末考试、平时作业、课堂测验	学生、教师	针对性调整内容，增设辅助学习环节
教材灵活性	更新内容的及时性与适应性	行业发展趋势与技术进步的融合	教师、行业专家	定期修订，纳入最新行业技术与趋势
教材延展性	鼓励学生自主探索和深入学习的能力	学生自主学习项目和课外活动	学生自我评估	加强引导性学习任务，增加课外学习资源

二、教具的多样性与创新性

教具在教学过程中起着至关重要的作用，它们不仅能有效地帮助教师传递知识，还能够增强学生的学习兴趣，提升课堂互动性。随着教育理念的更新，教具的多样性和创新性日益成为教育改革的重要组成部分。探讨传统教具的优化与提升、创新型教具的研发与应用，以及多样化教具的课堂实践案例，有助于提升教学质量，推动教育的现代化进程。

（一）传统教具的优化与提升

传统教具经过多年的使用，已逐渐形成了稳定的教学模式，但随着时代的发展，这些教具需要不断进行优化与提升，以适应新的教学需求。优化传统教具的重点在于提升其功能性和互动性，使其在实际教学过程中更加灵活和高效。黑板和课本作为常用的传统教具，其内容展示功能可以通过现代化的设计得到扩展，结合数字化技术，使其更加丰富多样，帮助学生更直观地理解学习内容。

提升传统教具的质量和实用性还需注重材料和设计上的创新。新的教学需求要求教具能够满足不同学科和不同学生群体的需求，教师应根据学科特点和学生需求对传统教具进行个性化定制。这种改进不仅能够提高教具的教学效果，还能为教师提供更为多样的教学工具，增强课堂的互动性和学生的参与感。

优化传统教具的另一个方向是注重其可持续性和环保性。随着社会环保意识的提高，教具的生产和使用应更加注重资源节约和环境友好。采用环保材料和符合可持续发展原则的设计，可以确保传统教具在满足教学需要的同时，也能够为环境保护做出贡献，提升教学资源的使用效率。

（二）创新型教具的研发与应用

创新型教具的研发与应用是提高课堂教学效果的重要途径。现代教育理念强调学生的个性化发展和实践能力培养，传统的教具已无法完全满足这些需求，需要依靠创新型教具来提供支持。这些教具不仅能够帮助学生更好地理解抽象的知识，还能激发学生的学习兴趣，提高课堂互动性和教学效果。

在创新型教具的研发过程中，智能化和互动性是关键因素。智能教具结合现代技术，如电子白板、智能投影仪和虚拟现实技术，能够提供更加生动和沉浸式的学习体验。这些教具不仅有助于提高学生的参与度，还能够通过互动反馈调整学习内容，适应学生的个性化需求。创新型教具的应用使得课堂更加生动有趣，增强了学生的学习动力和创造力。

研发创新型教具时，还应注重其适应性和灵活性。随着教育环境和教学方法的不断变化，教具应能够灵活应对不同的教学场景和需求。某些创新型教具能够根据学生的学习进度和兴趣提供个性化的学习内容，而其他教具则能够促进学生之间的协作与交流。创新型教具的研发是科技与教育的结合，也是在教育资源的丰富性和多样性方面做出的重要贡献。

（三）多样化教具的课堂实践案例

多样化教具的实践应用能够为课堂教学带来新的活力。在实际教学中，教师可以根据不同学科的特点和学生的学习需求，灵活运用多种教具进行组合和创新。多样化的教具不仅丰富了课堂内容，还增加了学生的学习兴趣和动手实践机会，从而提升了教学的互动性和参与感。

一个成功的多样化教具应用案例是在数学课堂中结合传统教具与现代科技产品。教师利用传统的几何模型与电子白板结合的方式，既让学生动手操作，又通过数字化技术呈现几何图形的变化。这种结合不仅帮助学生直观理解复杂的数学概念，还增强了学生的学习体验，提升了数学课堂的互动性和实际操作能力。

在语言学习中，多样化的教具应用同样有效。教师可以结合图书、音频、视频等多媒体教具，为学生创造沉浸式的学习环境。在听力训练中，教师利用音频和视频资料帮助学生理解外语的发音、语调和文化背景，而在写作和阅读练习中，教师结合电子教材和在线平台，增加了学生的学习渠道和互动方式。多样化教具的应用，不仅促进了学生的语言能力提高，还为课堂教学提供了更多的实践机会和创新方式。

三、资源整合的策略

资源整合是教育现代化过程中提升教学效果的重要手段。有效的资源整合不仅可以最大化利用教学资源，还能丰富教学内容，提高学生的学习体验。探讨教学资源整合的关键要素、校内外资源整合的有效方法，以及资源整合对教学效果的提升，有助于优化教学资源配置，促进教育质量的提升。

（一）教学资源整合的关键要素

教学资源整合的关键要素包括资源的多样性、互补性和可持续性。多样性确保了资源来源的丰富和广泛，不同类型的资源可以满足不同学科、不同层次学生的需求。教材、教具、电子学习资源等都属于不同类型的教学资源，合理的整合能够覆盖更全面的学习需求。

互补性是资源整合的核心。不同资源之间能够形成互为补充的关系，共同支持教学目标的实现。教师应根据教学内容和学生特点，有针对性地选择和整合资源。将数字化教育资源与传统的书本教材结合，能够在丰富学生学习体验的同时，弥补传统教学中存在的不足。整合时资源应能够相互支持，提升教学效果。

可持续性则是资源整合过程中不可忽视的因素。资源的长期利用性和可重复性决定了教育资源的价值。教师应考虑资源的更新换代和长效使用，确保整合后的资源不仅能在短期内发挥作用，还能够持续支持教学活动的开展。这一点特别重要，因为教育资源整合的长期效果往往直接影响到教育质量的持续提升。

（二）校内外资源整合的有效方法

校内外资源整合的有效方法涉及多方面的合作与协同。学校内部的资源整合应重视跨学科资源的结合。不同学科的教师可以共享教学材料、教学平台和研究成果，在协作中提高资源利用率，提升整体教学质量。学校内部的资源整合还应包括信息技术与传统教学手段的结合，通过教育技术平台有效汇集各类教学资源，提供更加个性化和互动性的学习内容。

校外资源整合则涉及社会和行业资源的引入。学校可以与企业、社区、社会组织等外部单位合作，开展实践活动和项目式学习，为学生提供真实的学习场景和资源支持。企业可以为学生提供实习机会，行业专家可以参与到课堂教学和项目指导中，帮助学生理解行业动态，培养实践能力。校外资源的引入能够为学生提供更加广阔的学习平台，增强其与社会的连接。

信息技术的运用是校内外资源整合的有效桥梁。通过利用数字化学习平台和在线资源，学校能够跨越地理和时间的限制，将校外资源引入课堂。教师可以借助网络平台获取最新的学术资料、行业动态和教学工具，进一步丰富教学内容，并将这一资源与校内教学活动紧密结合，提高教学效果。

（三）资源整合对教学效果的提升

资源整合能够显著提升教学效果，增强学生的学习动机和实践能力。多元化的资源整合为学生提供了丰富的学习方式和体验，学生可以根据自身兴趣和需求选择合适的学习资源，这种自主选择权增强了学习的主动性和参与感。有效的资源整合使学生不仅仅停留在课本知识的学习上，还能通过实践活动、社会调研等形式，将所学知识应用到实际中，提升综合能力。

资源整合优化了教学方法，提升了课堂教学的互动性。传统的教学方法往往依赖单一的教学资源，而资源整合可以使教师将多种教学手段结合起来，形成更加灵活、富有创新的课堂。利用视频教学、互动式学习软件和线上讨论平台，教师能够设计出更加生动和参与性强的课堂活动，吸引学生的注意力，提升学习兴趣和投入度。

资源整合还帮助教学实现个性化与差异化。通过引入外部的学习资源，教师能够为不同层次的学生提供定制化的学习材料和支持。无论是通过在线课程、课外阅读，还是通过社交媒体与同行交流，资源的整合能够为学生提供丰富的学习路径，帮助其克服学习上的困难，发挥最大潜力。

四、数字资源的应用

数字化教学资源在现代教育中扮演着重要角色，尤其在提高教学效率和学生参与感方面具有不可替代的优势。随着教育技术的不断进步，数字资源的种类和应用不断丰富，极大地改变了传统教学的方式。探讨数字化教学资源的种类与特点、数字资源开发与使用的挑战，以及数字资源在语文教学中的典型应用，能够帮助教育工作者更好地利用这些资源，提高教学效果和学生的学习兴趣。

（一）数字化教学资源的种类与特点

数字化教学资源种类繁多，包括电子课件、在线学习平台、数字化图书、虚拟实验室等。每种资源都有其独特的功能和适用范围。电子课件能够通过图文并茂的方式呈现教学内容，帮助学生更直观地理解复杂的知识点。数字化图书则为学生提供了便捷的阅读方式，能够随时随地进行学习和复习。虚拟实验室为学生提供了一个安全且可操作的环境，进行实验和探究学习，有助于提高学生的动手能力和实际操作技能。

这些数字资源的最大特点是互动性和可定制性。不同于传统教学材料，数字资源可以通过多种互动方式，增加学生的参与度，如通过在线测验、互动式视频和讨论板等形式，让学生在学习过程中不断进行反馈和自我调整。数字资源的可定制性使得教师可以根据学生的学习进度和特点，选择最合适的教学材料和方法，从而实现个性化教学。

另一个显著特点是数字资源的更新速度和信息的广泛性。教育资源随着科技发展不断更新，能够快速传递最新的学术成果和行业动态。教师和学生能够获取到当前最前沿的信息，避免教学内容的滞后和过时。这使得教学内容更加符合时代发展的需求，学生也能接触到更具时代感的学习材料和工具，提升其综合素质和应用能力。

（二）数字资源开发与使用的挑战

数字资源的开发和使用虽然给教育带来了极大的便利，但也面临着诸多挑战。数字资源的开发需要技术支持和高质量内容的保障。许多教育平台和数字教具的质量参差不齐，存在部分资源过于单一或缺乏互动性的问题。教育资源的开发还需要大量的专业人员投入，需要设计师、开发人员和教育专家之间的密切合作，这无疑增加了开发成本。

数字资源的使用也面临教师和学生的适应性问题。对于一些传统教育模式下的教师来说，如何有效地将数字资源融入教学中，是一项亟待解决的挑战。教师需要不断提高自身的数字素养，学习如何操作和选择适当的数字工具，并与传统教学方法进行结合。学生也面临同样的适应问题，尤其是一些低年龄段的学生，尚未具备足够的自我管理能力和技术操作能力，难以充分利用数字资源进行自主学习。

数字资源的管理与维护也是一大挑战。数字化教学资源虽然便于存储和传播，但如何有效管理这些资源，确保其内容的更新与准确性，依然是一个亟待解决的问题。教育机构需要建立专业的团队负责数字资源的维护和更新，保证资源的长期可用性和高效性。还需要考虑到版权和隐私保护等法律问题，确保资源使用的合法合规。

（三）数字资源在语文教学中的典型应用

在语文教学中，数字资源的应用大大提升了学生的学习兴趣和课堂互动性。通过电子课件和多媒体素材，教师能够将抽象的语文知识具体化，使学生更容易理解语言的构成、修辞的使用以及文学作品的深层含义。教师可以利用互动式的电子课件进行生动的语文讲解，通过图文结合、声音和视频的展示，帮助学生更好地理解和记忆知识点。

数字资源还为语文教学提供了丰富的阅读材料。数字图书和在线阅读平台让学生可以随时随地进行阅读，无论是在课堂内还是课外，均可便捷获取多种文学作品。通过数字平台，学生能够接触到更多不同流派、风格的作品，拓宽视野，提升阅读理解能力。电子书中的注释和互动式阅读功能也能够帮助学生更好地理解文学作品中的深层含义和文化背景。

在语文写作教学中，数字资源的应用同样起到了积极作用。借助在线写作平台和智能批改工具，学生可以在写作过程中获得即时反馈，帮助其发现并改正语法错误、结构问题及语言表达上的不足。这种即时反馈能够提高学生的写作能力，并促使他们不断优化和改进自己的写作作品。通过数字资源，语文教学不仅变得更加高效、便捷，也更富有创意和互动性，极大提升了学生的学习动力和效果。

第二节　校企合作的模式

一、校企合作的意义

校企合作是教育与行业之间的重要桥梁，它不仅推动了教育内容的创新，还加强了学术与实践的结合。随着职业教育的不断发展，校企合作在提升教育质量、促进学生就业、推动课程职业化方面发挥着至关重要的作用。探讨校企合作对职业教育的重要作用、合作促进语文课程职业化发展的机遇，以及学生综合素质提升中的合作贡献，有助于进一步加强教育体系与产业需求的对接，提升教育服务的社会价值。

（一）校企合作对职业教育的重要作用

校企合作为职业教育提供了一个重要的实践平台和真实的工作场景，有力推动了学生技能的提升与行业需求的精准匹配。通过与企业的深度合作，学校可以更全面地了解行业动态、技术发展以及企业对人才的具体要求，从而针对性地调整课程内容，使其更加贴合市场需求。这种合作模式不仅为学生创造了接触职场的机会，还使他们能够在真实的职业环境中锻炼实际操作能力，提升就业竞争力，确保其毕业后能够快速适应岗位需求。

校企合作不仅有助于学生实践能力的提高，还为教师的专业发展和教学内容的更新提供了契机。通过参与企业的生产和技术活动，教师能够更好地掌握行业最新动态，将先进的技术理念和实践经验融入课堂教学之中。这种双向交流提高了教师的行业认知能力，使其能够为学生提供更加前沿且具有实用价值的教育资源，同时也推动了教学内容和方法的创新。

在教育质量提升方面，校企合作发挥了不可替代的作用。企业通过参与课程设计、教学实施和教学效果评价，确保了课程内容的实用性和前瞻性，避免了传统教学中理论与实践脱节的问题。通过校企合作，学校能够不断优化教学模式，培养出具有较高实践能力和综合素质的人才，为学生的职业发展奠定了坚实基础，同时也为社会输送了符合需求的高质量技术技能型人才。

（二）合作促进语文课程职业化发展的机遇

校企合作为语文课程的职业化发展开辟了新的路径。在职业教育的背景下，语文课程不仅需要教授基础的语言知识和文学素养，还必须强调学生在职业情境中的语言应用能力。通过与企业的合作，尤其是与行业关联度较高的企业合作，语文课程能够更有效地将教学内容与职业需求相结合，为学生提供既具人文性又具职业实用性的学习体验。

通过校企合作，语文课程可以引入更多与职业情境相关的真实案例，这极大增强了课堂教学的针对性和实用性。企业可以提供真实的商务文书、客户沟通场景等，帮助学生在课堂中学习如何撰写职场报告、电子邮件，以及进行正式的语言表达。这种教学方法将语文技能与职业需求紧密结合，不仅提高了学生的语言运用能力，还增强了其适应职业环境的能力。

校企合作还为语文课程的创新发展提供了新的动力。通过引入企业的行业标准和实际工作流程，教师能够设计更加贴近现实的教学内容和活动，帮助学生掌握符合行业需求的语言技能。企业可以参与制定语文课程的职业化标准，提供实践指导和专业资源支持，推动语文课程在教学内容、模式和目标上的全面优化。通过这种合作，语文教学在职业教育中的地位得到强化，学生的职业适应能力也得到显著提升。

（三）学生综合素质提升中的合作贡献

校企合作在提升学生综合素质方面起到了重要作用。企业的参与不仅为学生提供了宝贵的实践机会，还帮助学生在真实的职场环境中锻炼团队协作、有效沟通和解决问题等核心能力。这些能力在职业生涯中至关重要，而通过校企合作的实际项目和任务，学生能够在实践中逐步掌握这些技能，从而为未来职业发展奠定了扎实的基础。

在合作过程中，学生有机会深入企业，了解行业实际需求和工作流程。通过参与真实的职业情境，学生能够更直观地认识职业环境中的挑战与机遇，在解决实际问题中积累经验。这不仅增强了学生的职业意识，还促进了其将所学知识转化为实际应用的能力。在这样的过程中，学生不仅提升了专业技能，还提高了应对复杂任务和多变环境的综合素质。

校企合作为学生提供了定向培养和职业规划指导的机会。企业在合作过程中可以根据学生的表现提供反馈，帮助学生了解自身的优势与不足，并提出改进建议和发展方向。通过企业的反馈与指导，学生能够更清晰地制定职业目标，增强职业选择的科学性。企业的支持使学生在校期间就能积累一定的行业经验，形成更强的职业竞争力，为未来在职场中的发展提供了坚实保障。

二、合作形式的多样化

随着教育与行业之间的联系日益紧密，校企合作的形式也逐渐多样化。在此过程中，校企联合开发课程、企业参与教学活动以及各种合作形式的成功实践，为教育内容的更新、教学方法的创新以及学生技能的提升提供了丰富的经验和模式。探讨这些合作形式的不同模式和成功案例，有助于进一步提升校企合作的深度和广度，增强教育的实用性与针对性。

（一）校企联合开发课程的模式

校企联合开发课程是一种重要的合作形式，能够有效实现教育内容与行业需求的对接。企业与学校共同设计课程，确保教学内容贴近行业前沿，培养的学生具备进入职场所需的实际能力。在这种模式下，企业不仅提供实际案例和行业标准，还参与课程的设计与评价，确保所开设的课程能够满足行业发展的要求，并且有助于学生未来的职业发展。

这种合作模式的优势在于其双向互动性，企业不仅能传递专业知识和技能，还能够为学校提供实践平台，让学生能够在模拟的行业环境中进行实际操作。这种合作使得课程内容既具理论深度，又能融入现实世界中的实际应用，提升学生的综合素质和职业竞争力。

校企联合开发课程还能够通过定期更新和调整课程内容，适应行业的快速变化和发展。企业的参与为学校提供了及时的行业反馈，使得课程能够与行业需求保持同步，避免课程内容与现实脱节。通过这种模式，学校能够为学生提供更加贴近行业需求的教育内容，提升教学的时效性和实用性。

（二）企业参与教学活动的形式

企业参与教学活动的形式可以多种多样，从企业请导师入驻课堂，到请行业专家举办讲座，再到企业实习和实践课程的开展，都能有效促进学生对专业知识的理解与应用。在课堂教学中，企业导师的参与可以带来第一手的行业经验和知识，使学生能够接触到最新的行业动态和技术发展，增强学生对职业发展的认识。

行业专家的讲座和专题研讨会是企业参与教学的重要方式之一。通过专家讲解行业趋势和技术革新，学生可以从中获得更广泛的视野和更深入的理解。这种教学活动不仅有助于学生理论知识的提升，还能够激发学生对行业的兴趣，帮助他们在学术研究与行业实践之间架起桥梁。

企业的参与不仅限于课堂教学，还包括在实践教学中的深度介入。企业为学生提供实习机会和工作体验，通过亲身实践，学生能够将课堂上学到的知识与真实的工作环境相结合，提升解决实际问题的能力。这种互动式的教学活动使学生能够在实际工作中检验自己的学习成果，提高工作能力，为其日后的职业生涯做好充分准备。(见表 5-2)

表 5-2 企业参与教学活动的形式与影响分析

参与形式	关键活动	学生影响	主要优势	持续改进方向
企业导师入驻课堂	企业专家或管理人员参与课程教学	学生接触行业经验，了解职场需求	增强实践感知，缩短学术与行业距离	提供更多实际案例，增强互动性
行业专家讲座与研讨会	行业专家分享行业动态与技术发展	扩展学生视野，更新行业知识	提供前沿知识，激发学生兴趣	讲座主题多样化，涵盖更广泛领域
企业实习与实践课程	学生在企业中进行实际操作和工作体验	学生将理论知识应用于实际工作环境	增强解决问题的能力，提高就业竞争力	加强与更多企业的合作，增加实习机会

(三) 合作形式多样化的成功实践

校企合作的形式多样化在实际应用中展现了巨大的潜力。通过各种合作模式的探索和实践，许多学校和企业实现了教育内容和行业需求的深度融合，取得了显著成效。某些高职院校与企业共同开设了“订单式”培养模式，学生在入学前就与企业签订合作协议，确保毕业后能够顺利进入所合作的企业工作。

有些学校则通过设立企业实训基地，允许学生在校期间参与企业日常运营与项目工作，真正体验企业的工作流程。这种合作模式不仅增强了学生的实践能力，还提升了学校与企业之间的合作紧密度。企业能够在实训过程中直接选拔和培养适合自己需求的员工，而学校则能通过这种实践机会提高教学质量，培养更符合市场需求的人才。

许多学校与企业还合作开展了企业定制课程和培训项目，为企业员工提供针对性的职业培训。这种合作形式不仅能提升企业员工的技能，还能加强学校与企业之间的长期合作关系，推动教育和行业共同发展。通过这些成功的合作实践，校企合作的多样性为提升教育质量、推动学生就业提供了坚实的基础。

三、资源共享的实现

资源共享是校企合作中实现双方共同利益的有效途径。通过共享教育资源、技术资源及行业实践资源，学校和企业能够在合作中实现优势互补，推动教育质量的提升与学生综合素质的增强。探讨校企资源共享的实现途径、企业资源对语文教学的支持作用以及资源共享中的制度保障，有助于更好地推动校企合作的深入发展，提升教育服务的社会价值。

（一）校企资源共享的实现途径

校企资源共享的实现途径包括共同建设教育平台、开展联合科研及共享教学设施等。学校和企业可以通过共建教育平台，实现课程、教材和学习材料的共享。这种平台为学生提供了更加丰富的学习资源，包括线上课程、行业案例、专家讲座等，有助于学生获得更全面的职业技能和学科知识。企业则通过这一平台可以直接向学校提供最新的行业需求和技术动向，确保教育内容与行业发展的同步性。

联合科研也是校企资源共享的重要途径之一。学校与企业合作开展的科研项目，不仅有助于推动学术研究的应用转化，还能够为学生提供真实的科研实践机会。这种合作能够帮助学生掌握更多的前沿技术，提升其科研能力，并且在解决实际问题的过程中深化对专业知识的理解。

学校和企业共享教学设施也能够有效提高资源的使用效率。学校可以为企业提供实训基地，而企业则可以提供实际工作环境中的设备与资源，供学生进行实际操作和实习。通过这种资源共享，学生能够在学校和企业的共同支持下，全面提升职业技能，更好地为将来的就业做准备。

（二）企业资源对语文教学的支持作用

企业资源对语文教学的支持作用主要体现在提供实际应用场景和职业化语文技能的培养。企业通过提供工作环境和实际案例，能够帮助学生了解在职场中如何运用语文知识，特别是在职场写作、沟通和表达方面的实际需求。企业可以为语文专业的学生提供商务写作、报告撰写等方面的培训材料和案例，帮助学生掌握与行业相关的语言技巧和写作规范。

企业还能够通过参与教学活动来支持语文教学的实际应用。在教学过程中，企业的专家和从业人员可以为学生提供宝贵的行业经验，指导学生如何在不同的职业场合中运用语文技能，提升学生的语言适应能力。企业还可以为语文课程设计提供反馈，帮助教师调整教学内容，使其更加符合实际工作中的语言需求。

除了为学生提供行业需求和实际应用，企业还能够为语文教学提供最新的技术支持。借助现代信息技术，企业可以帮助学校开发智能化的教学工具，如语言学习软件、在线教育平台和智能批改系统等，这些工具能够帮助学生在语文学习中获得实时反馈，提升其语言能力，尤其是在写作、阅读和听力等技能上的进步。

（三）资源共享中的制度保障

资源共享中的制度保障对于确保合作的顺利进行至关重要。学校和企业应当建立清晰的合作协议和规范，明确双方的责任和权利，以避免合作过程中出现资源分配不均或使用不当的情况。通过建立健全的法律框架和协议，确保资源的合理使用和共享，防止知识产权争议或资源滥用等问题的发生。

在制度保障方面，政府和教育管理部门也应发挥重要作用。相关政策和法规的支持能够为校企合作提供更加稳定的环境，鼓励企业参与教育资源的共享。政府可以通过出台相关政策、提供资金支持等方式，推动校企资源共享的规模化和制度化发展，从而提升整个教育行业的资源利用效率。

学校和企业之间还应建立定期评估和反馈机制。定期的评估可以帮助双方了解合作中存在的问题，并根据评估结果对合作内容和方式进行优化。这种制度化的保障措施能够确保资源共享的长期有效性，并为合作双方提供稳定的支持与指导，推动校企合作持续健康发展。

四、实践教学的推动

实践教学在现代教育体系中占据着日益重要的位置，尤其是在培养学生的综合能力和实践能力方面具有至关重要的作用。语文教学的实践环节设计、企业实践在学生学习中的作用及实践教学与理论教学的结合是推动教育质量提高的关键。探讨这些内容有助于进一步推动语文教学的创新与发展，促进学生的全面成长。

（一）语文教学中的实践环节设计

语文教学中的实践环节设计是提升学生语言应用能力的重要组成部分。高效的实践环节需要深入结合学生的实际学习需求和语言使用情境，设计出能够全面锻炼学生写作、口语表达和阅读理解能力的活动。通过模拟写作、情景演讲、读书报告等形式，学生可以在真实或模拟的语言环境中锻炼语言能力，从而增强其应对复杂语言问题的能力。这种实践训练不仅强化了学生的语言技巧，还提升了其在实际情境中的应变和表达能力。

实践环节的设计需要注重情境化，以增强教学活动的实际应用价值。教学活动应结合真实的生活和工作场景，使学生能够在模拟的现实环境中运用所学知识。教师可以设计与社会热点、职业技能相关的任务，或者通过组织企业参观与调研活动，让学生在了解行业需求的同时，将语文知识转化为实际的语言应用能力。这种贴近实际的教学方法不仅提高了学生的职业适应能力，还使其语言学习更具目标性和实效性。

实践环节还应充分考虑学生的个体差异，针对不同的学习需求和能力水平进行差异化设计。通过设置多层次的任务和明确的个性化学习目标，教师可以帮助不同水平的学生在各自的节奏中提升语言技能。多样化的实践活动能够激发学生的学习兴趣，促进其语言综合能力的全面发展，确保每位学生都能在实践环节中获得充分的成长与提升。

（二）企业实践在学生学习中的作用

企业实践是连接学校教育与社会行业需求的重要桥梁，为学生提供了职业素养与实际能力同步提升的宝贵机会。在真实的企业环境中，学生能够直接参与到实际项目中，通过撰写文案、参与会议讨论、撰写商业报告等工作，学习如何将语文知识应用到职场中的沟通、表达与写作中。这种实践经历让学生更深入地理解职业场景需求，为未来的就业奠定了坚实的基础。

在企业实践中，学生不仅能够提高语言表达能力，还能够锻炼解决实际问题的能力。通过参与团队合作、项目规划、客户沟通等任务，学生可以将课堂中学到的语言技巧灵活应用于实际工作环境中。这种亲身体验不仅使语言知识得以巩固和强化，还提高了学生在复杂职业情境中独立应对问题的能力，从而显著提升其综合职业素养。

企业实践为学生提供了宝贵的行业经验和人际资源积累机会。在企业环境中，学生能够接触到行业的最新发展动态，深入了解行业文化和工作流程，开拓职业视野。与企业员工和管理层的互动帮助学生学习更多实用的职业技能和行业知识，并为未来的职业发展建立良好的人脉基础。这种双向互动的学习经历让学生不仅获得了技能上的提升，还增强了其在就业市场中的竞争力。

（三）推动实践教学与理论教学的结合

实践教学与理论教学的有机结合是学生提升综合能力和职业竞争力的关键途径。理论教学为学生提供了知识框架和语言基础，而实践教学则将这些理论知识转化为真实情境中的实际技能。在语文教学中，通过将理论与实践相结合，学生能够更好地理解语言知识的实际应用，提升在现实情境中的表达和沟通能力。

实现实践与理论教学的结合，需要通过课程设计与教学活动的优化来达成。教师可以在理论课程中融入案例分析、情境模拟以及任务驱动等实践环节，使学生在学习过程中能够通过实际操作加深对知识的理解。在学习文学作品时，可以结合角色扮演、课题讨论或撰写评论等实践活动，让学生在实践中运用文学分析和语言表达技巧，从而培养其批判性思维与创造力。

在这一过程中，学生的反馈与反思是推动理论与实践结合的关键。教师应鼓励学生通过反思性活动和实践成果展示，将实际经历与课堂知识相结合，从中提炼学习经验。这种互动式的教学模式能够帮助学生深化理论知识的理解，提升其实践能力，并实现语言知识与职业技能的同步提高。通过不断加强理论与实践的结合，学生不仅能够更好地适应职场需求，还能为其未来的职业发展积累更多核心竞争力。

第三节　社会资源的引入

一、社区与学校的互动

社区与学校的互动是现代教育中不可忽视的一部分，尤其是在语言教育领域。社区资源的利用能够丰富学校教学内容，提供实践平台，从而促进学生语言能力的发展。探讨社区资源在语文教学中的应用、社区活动对学生语言能力的提升以及社区与学校合作的成功案例，有助于构建更加开放和多元化的教学环境，推动学生综合素质的提升。

（一）社区资源在语文教学中的应用

社区资源为语文教学提供了丰富的实践材料和实际情境，能够增强学生的语言学习兴趣。社区内丰富的文化活动、历史遗址和地方故事是生动的教材，教师可以利用这些资源为学生设计具有地方特色的学习任务。这些资源不仅帮助学生了解当地的历史与文化，还激发了对语文知识的探索与应用热情，促使他们在实践中运用语言表达技巧。

社区中的文学、艺术和语言活动能够为语文教学注入活力。许多社区定期举办文学沙龙、戏剧表演和演讲比赛，这些活动为学生提供了展示自我的平台，同时也让学生有机会通过实际参与来提升口语表达和写作能力。教师可以组织学生参加这些活动，帮助通过实践增强语言表达和理解能力，从而达到更好的学习效果。

社区资源的应用还可以促进学生对社会的理解与融入。通过参与社区服务、志愿活动以及社区调研等项目，学生能够在实际环境中应用语言技能，提升沟通能力和社会责任感。这些实践活动不仅提升了学生的语言能力，还促进了社会认知，帮助学生更好地将课堂知识与社会实际相结合。

（二）社区活动对学生语言能力的提升

社区活动为学生提供了一个真实的语言使用环境，有助于语言能力的实际提升。学生通过参与社区的文化交流活动、座谈会和社区演讲等，可以在真实的交流过程中提高自己的听说能力。在这些活动中，学生不仅需要使用语言进行表达，还要学会倾听、分析和反馈，培养了综合语言技能。

在社区活动中，学生有机会接触不同背景的人群，锻炼跨文化交流能力。这种多元化的语言环境促进了学生语言表达的灵活性和适应性，使其能够在多种场合中熟练运用语言。无论是在正式的演讲场合，还是在日常的社区交流中，学生都能够提高自信心和语言运用能力，增强其应对不同语言交流情境的能力。

社区活动还可以通过角色扮演、实地调研等形式，帮助学生在实践中提升写作能力。学生通过撰写关于社区活动的报告、新闻稿或感想，能够练习不同文体的写作技巧，并在真实情境中积累写作经验。这种写作实践不仅增强了学生的写作能力，还帮助学会如何用语言准确表达思想，提升了语言的应用性。

（三）社区与学校合作的案例分析

许多学校与社区之间建立了紧密的合作关系，共同开展了有益的教育项目。在某些地方，学校与社区合作开发了以本地文化为主题的语文课程。课程内容通过结合地方历史、民俗和传说，让学生在学习过程中深入了解家乡的文化背景，增加了对语文学习的兴趣。这种合作模式成功将社区资源与学校教育融合，提升了学生的文化认同感和语言应用能力。

另一个成功的案例是学校与社区图书馆联合举办的“读书与写作工作坊”。通过定期邀请社区作家、艺术家和文化专家与学生进行面对面的交流，学生不仅有机会提高写作能力，还能够在专家的指导下提升创意表达。这种跨界合作使学生获得了更丰富的学习经验，促进了学校和社区资源的共享，增强了学校教育的多元化与实践性。

在一些学校，社区与学校联合组织了跨学科的教育活动，学生通过参与社区服务项目和社会调研，结合语文课程进行汇报和反思。这种活动不仅帮助学生提高了语言能力，让他们学会了如何在实际社会问题中运用语言进行沟通与表达。通过这些合作项目，学生不仅获得了学术上的进步，还增强了社会参与意识和实践能力。

二、行业专家的参与

行业专家的参与对提升职业教育的质量和专业性至关重要。专家不仅能够为课程内容提供实践指导，还能通过与学生的互动，帮助更好地理解行业需求，培养职业素养。探索行业专家在教学中的指导作用、专家讲座对职业认知的促进以及行业需求与语文教学结合的探索，能为教育体制提供宝贵的改进方向。

（一）行业专家在教学中的指导作用

行业专家在教学中的参与为学生提供了行业内的真实视角，能够帮助理解和掌握专业知识与技术。专家通过分享自己在实际工作中的经验，使学生能将课堂所学与行业实际结合，增强学习的实践性与针对性。专家的讲解不仅局限于理论知识，还包括行业的最新发展趋势和技术变革，这对学生理解复杂的行业背景和技能要求具有重要意义。

专家在课堂上的指导作用体现在个性化教育上。根据学生的实际需求和兴趣，专家可以提供专业方向的选择建议，帮助学生了解各类职业路径及其发展前景。通过专家的指导，学生不仅能够获得知识，还能了解行业的实际工作内容和工作环境，从而为未来的职业生涯做好准备。

行业专家能够通过直接参与课程设计与评估，为教师提供宝贵的行业反馈，帮助调整课程内容，使其更符合行业标准和就业需求。专家的建议有助于提升教学质量，确保学生学到的是实际工作中需要的知识和技能，这种校企合作的模式能够提高职业教育的效率与实用性。

（二）专家讲座对职业认知的促进

专家讲座是职业教育中重要的学习形式之一，能够为学生提供宝贵的行业知识和职业认知。专家通过与学生的互动，分享行业发展、岗位要求、职业技能等内容，帮助学生更全面地理解所学专业在实际工作中的应用。讲座不仅增进了学生对职业发展的认知，还能够看到自己未来职业生涯的多样性与广阔性。

专家讲座对学生职业认知的促进还体现在启发学生的职业兴趣和职业规划上。在听到行业专家讲述自己的职业经历、面临的挑战及解决方案后，学生能够对该行业有更深刻的理解，并根据自己的兴趣和优势做出更合适的职业选择。专家的讲座激发了学生的职业探索精神，帮助为未来的职业生涯制定合理的规划和目标。

专家讲座有助于弥合学术理论与行业实践之间的差距。许多学生对行业的理解停留在理论学习阶段，通过专家讲座，学生能够了解行业中的实际操作与技术应用，从而对学术知识有更深入的认识。专家讲座拓宽了学生的视野，为其职业认知提供了更全面的指导，促进了综合素质的提高。

（三）行业需求与语文教学结合的探索

行业需求与语文教学结合是提升职业教育质量的重要方向。在职业教育中，语文不仅是基础学科，还承担着提升学生沟通能力、职业素养和综合能力的重要作用。结合行业需求，语文教学可以通过案例分析、职场写作等方式，帮助学生更好地掌握适用于行业的语言表达和沟通技巧。

行业专家可以在语文教学中提供实践指导，帮助学生理解如何在具体工作中有效运用语言技能。专家通过分享行业中的实际写作规范、沟通技巧等内容，让学生了解行业对语文能力的实际需求。通过这种结合，学生能够获得更实用的语言能力，掌握职场中必需的表达方式和书面沟通技能。

行业需求的引入能够促使语文教学内容更加贴合实际。在课堂上，教师可以结合行业需求设计有针对性的教学内容，使用行业相关材料进行教学。这种教学方式不仅增强了学生的学习兴趣，还使学生能够看到所学知识与未来工作的紧密联系，从而提高职业能力和就业竞争力。

三、文化活动的开展

文化活动在语言教学中扮演着至关重要的角色。它不仅为学生提供了丰富的学习资源，还能够激发学生的学习兴趣和思维创造力。文化活动为学生创造了一个全方位、多层次的语言学习环境，帮助学生更好地理解和应用语言。探讨文化活动在语言教学中的意义、丰富多样的文化活动设计以及文化活动对学生语文素养的提升，有助于为语言教育提供更加创新和实践的教学方式。

（一）文化活动在语言教学中的意义

文化活动在语言教学中具有重要意义，不仅为学生提供了丰富的学习经验，还创造了多样的语言实践机会。通过参与戏剧表演、故事讲述、角色扮演等文化活动，学生能够在不同场景中实际运用语言知识，从而提升语言表达能力。文化活动提供了一个真实的语言使用环境，帮助学生从理论走向实践，使语言学习更具生动性和实用性，显著增强学生对语言的理解与运用能力。

文化活动能够促进学生语言能力的全面发展，不仅关注基础的听说读写能力，还强调思维能力和跨文化交流能力的培养。在接触和参与多种文化活动中，学生可以更深入地理解不同文化背景下的语言表达方式，学会用更加开放的态度看待语言与文化的关系。这种体验式学习能够提高学生的文化敏感度和沟通技巧，帮助其在未来的全球化环境中更自信地使用语言进行交流。

文化活动还能营造轻松愉快的学习氛围，有效激发学生对语言学习的兴趣。传统语言课堂中以知识传授为主，容易让学生感到枯燥，而文化活动通过互动和参与将学习变得更加有趣。学生在活动中体验成就感和快乐，能够更加积极主动地投入语言学习中，从而提高课堂效率并增强实际语言应用能力。

（二）丰富多样的文化活动设计

丰富多样的文化活动设计能够激发学生的学习兴趣，并显著提高其语言能力。在活动设计时，应结合学生的实际需要和兴趣点，创造性地设置内容，语言游戏、演讲比赛、辩论赛等活动。这些活动不仅锻炼了学生的语言表达能力，还提升了逻辑思维和团队合作能力。在轻松愉快的氛围中，学生能够放下心理负担，自然地参与到语言实践中，从而提高综合语言素养。

文化活动的设计应注重多样性和互动性，以满足不同层次学生的需求。对于语言基础较弱的学生，可以设计朗读、简短写作或对话练习等活动，帮助其夯实语言基础；对于语言水平较高的学生，则可以引入更具挑战性的内容，如主题辩论、文化交流或模拟商务谈判等，培养其高级表达能力和实际问题解决能力。通过多层次、多形式的活动设计，学生能够根据自身特点选择参与，达到因材施教的效果。

文化活动设计还可以融入跨学科的内容，使语言教学更加立体化。将语文与历史、艺术或科技等学科结合，设计如“历史故事讲述”“诗歌与绘画创作”等活动，既拓宽了学生的知识面，又增强了其语言表达的深度和创造性。跨学科的文化活动不仅提高了学生的语文素养，还帮助学生更好地理解语言在社会和职业中的多元应用。

（三）文化活动对学生语文素养的提升

文化活动对提升学生语文素养具有显著作用，能够帮助学生在实践中深化对语文知识的理解。参与话剧演出时，学生需全面掌握剧本内容和语言表达方式，同时通过情感和肢体的配合传达角色内涵。这种学习过程不仅提高了学生的语言表达能力，还培养了情感共鸣能力，增强了学生对文学和语文学习的兴趣。

文化活动能够显著提升学生的综合语言运用能力。在诗歌朗诵、散文创作或写作比赛中，学生可以提升文字表达的精准性和创造性，同时增强语言思维能力。通过这种实际应用性的活动，学生能够更加流畅、清晰地表达自己的思想。这种语言能力的提升，不仅有助于其学术发展，还为未来职业中的沟通与表达奠定了坚实基础。

文化活动的参与还可以培养学生更加全面的语文素养，帮助其掌握多种软技能。通过这些活动，学生巩固了语文知识，提高了沟通能力、团队合作能力以及公众表达能力。文化活动为学生提供了一个全方位发展的平台，使其能够在多样化的语言环境中不断成长，从而具备更强的竞争力和适应力，为未来的学习和职业发展做好充分准备。

四、社会实践的组织

社会实践是连接学校教育与社会需求的重要桥梁，它能够提供学生与社会互动的机会，增强学生的实践能力和综合素质。有效的社会实践组织形式和内容不仅能够拓展学生的视野，还能提升语言应用能力和社会适应能力。探讨社会实践的组织形式与内容、实践活动对语言应用能力的锻炼以及社会实践成果的展示与评价，有助于进一步推动教育的全面发展，提升学生的社会竞争力。

（一）社会实践的组织形式与内容

社会实践的组织形式应多样化，以适应不同学科和学生的需求。常见的社会实践形式包括志愿服务、社区调研、企业实习、社会调查和文化交流等。这些形式不仅能让学生在实际工作中锻炼专业技能，还能通过亲身参与，帮助学生更好地理解课堂上学到的理论知识。在社会实践中，学生能够接触到真实的社会环境，体验工作中的实际问题，增强解决问题的能力。

社会实践的内容也应多元化，以满足不同学科的学习目标。在语言类学科的社会实践中，活动内容可以围绕文化交流、社会服务、写作项目等进行设计。学生可以参与当地社区的文化活动，编写相关的社会调研报告，或为弱势群体提供语言上的帮助与服务。这些活动不仅能够丰富学生的实践经验，还能提升其沟通能力、组织能力和社会责任感。

在组织社会实践时，学校应与相关社会机构、企业和政府部门合作，为学生提供更多的实践机会。这种校外合作不仅能够为学生提供更广泛的社会实践平台，还能够帮助学校整合更多的教育资源。通过与外部资源的合作，社会实践活动的内容和形式将更加丰富，学生的学习和成长也将得到更大的支持。

（二）实践活动对语言应用能力的锻炼

社会实践活动对学生语言应用能力的锻炼至关重要。在实际的社会活动中，学生需要运用语言进行沟通、表达和记录，提升语言表达能力和应对实际问题的能力。无论是参与社会调研、写作社会报告，还是在企业实习中进行沟通交流，学生都能够通过实践锻炼语言的实际应用，使其语言能力更符合社会需求。

实践活动还能够帮助学生提升语言的表达与交流技巧。在与不同人群的接触中，学生不仅锻炼了与人交往的技巧，还学习如何根据不同的受众调整语言的表达方式。通过实际的语言应用，学生能够理解语言的多样性，学会在不同的社交环境中恰当地使用语言，这对于日后的职业生涯和社会适应具有重要意义。

通过社会实践，学生在语言应用能力上的锻炼不仅限于口头表达，还包括书面表达和信息整理能力。通过参与各类实践活动，学生能够撰写报告、总结和分析，锻炼自己的写作能力和逻辑思维能力。在社会实践的过程中，学生的语言能力得到全面提升，从而更好地为将来的职业生涯和社会活动做好准备。

（三）社会实践成果的展示与评价

社会实践成果的展示和评价是评估实践活动效果的重要环节。成果展示能够为学生提供一个检验和总结实践经验的平台。通过展示实践成果，学生不仅能够回顾所学内容和实践经验，还能将所学知识与实际成果相结合，展示自己在社会实践中的收获。成果展示可以通过报告、展示会、总结演讲等形式进行，激励学生在实践中不断进步。

评价社会实践成果的过程中，教师应注重过程与结果的结合。评价不仅要关注学生在实践中的具体表现，如任务完成情况、团队合作能力等，还应考虑学生在实践过程中获得的学习成果和反思能力。通过综合评价，学生能够明确自己在实践活动中的优缺点，并根据反馈进行改进，进一步提升实践能力和语言应用能力。

社会实践成果的评价应与学生的综合素质培养相结合。社会实践不仅仅是语言应用能力的锻炼，还涉及学生的团队合作能力、创新能力和社会责任感等多个方面。社会实践成果的评价应从多个维度进行，全面评估学生的综合能力，从而推动学生在实践中获得更加全面的发展。

第四节 网络资源的有效利用

一、网络学习平台的构建

网络学习平台在现代教育中占据着越来越重要的地位，尤其是在促进学习资源的共享和师生互动方面。随着教育技术的不断发展，构建一个高效、灵活的学习平台已成为提高教学质量的重要途径。探讨平台功能设计与技术支持、平台对师生互动的促进作用以及学习平台优化的方向与实践，有助于进一步提升教学效果和学生学习体验。

（一）平台功能设计与技术支持

网络学习平台的功能设计是其有效性的关键，必须兼顾多样性和易用性。平台应提供课程管理、学习进度跟踪、互动交流等多种功能，确保学生可以在一个集中的平台上完成学习、交流和评估。平台的课程管理功能允许教师上传和更新学习材料，制定课程进度，并与学生进行个性化的反馈交流，这能够提高学习效率和学生的参与度。

技术支持是保障平台稳定运行的基础。平台需要依托强大的技术框架，确保系统的安全性、稳定性和可扩展性。无论是视频播放、互动功能，还是实时评分系统，平台的各项功能都需要技术的支持，确保无缝连接并提升用户体验。平台还应具备数据分析和云存储功能，便于教师和管理人员随时监控学习情况，并根据数据调整教学策略和内容。

在平台功能设计中，还应注重移动端的适配性。随着移动设备使用的普及，学习平台应确保在手机、平板等设备上同样具有良好的使用体验。灵活的技术支持能够使学生随时随地访问学习资源，参与互动，并进行在线评估，这种便捷性进一步增强了平台的应用价值和学生的学习动力。

（二）平台对师生互动的促进作用

网络学习平台的互动性为师生之间提供了一个多元化的沟通渠道。教师可以通过平台发布公告、布置作业、组织在线讨论等多种方式与学生互动，及时了解学生的学习情况，并给予个性化的指导。平台不仅提供了信息传递的通道，还能通过即时消息、论坛等功能加强学生与教师之间的沟通，解决学生在学习过程中遇到的问题。

平台还能够促进学生之间的互动，建立一个良好的学习社区。学生可以在平台上进行讨论、分享学习资源和经验，这种互动不仅增强了学习的合作性，还激发了学生的集体意识和学习动力。通过小组讨论、在线问答和合作项目，学生可以在互帮互助中提高自己的理解力和表达能力。

通过增强的师生互动，网络学习平台能够更好地适应学生个性化的学习需求。教师可以根据学生的学习进度和理解能力调整教学内容，而学生也能在平台上根据自己的需求选择合适的学习资源和活动。这种灵活的互动模式提升了教学的针对性和有效性，使得师生之间的关系更加密切，教学效果也得到了显著的提升。

（三）学习平台优化的方向与实践

学习平台的优化方向应着重在用户体验和功能扩展上。平台的界面设计应简洁明了，操作流程应尽量减少复杂步骤，使教师和学生能够方便地使用各项功能。平台还应支持多样化的学习方式，如视频、音频、文字、图像等多种形式的资源展示，以满足不同学习者的需求和学习习惯。

功能扩展方面，平台应与外部资源和应用进行整合，接入专业数据库、外部学习工具或第三方评估系统。通过这些整合，平台能够提供更丰富的学习材料，增强学生的知识面和学术深度。平台还应具备更强的数据分析能力，教师可以通过平台的反馈和数据分析，实时调整教学策略，以提升个性化教学的效果。

在实践中学习平台的优化需要不断根据用户反馈进行调整。定期的用户体验调查和数据分析可以帮助平台管理者了解平台的使用效果，发现存在的不足之处，从而采取有效的改进措施。随着技术的不断进步和用户需求的不断变化，学习平台的优化应与时俱进，确保平台能够持续满足学生和教师的需求，提升教学质量。

二、开放课程与在线资源

开放课程和在线资源为教育领域提供了极大的便利，尤其在信息化时代，它们极大地丰富了学习途径与教育资源的多样性。利用开放课程资源和在线资源，学生能够在任何时间和地点获取学习内容，促进教育的普及和公平。深入分析开放课程资源的利用现状、在线资源的共享与补充作用以及在线资源的个性化学习功能，有助于更好地理解其对现代教育的推动作用。

（一）开放课程资源的利用现状

开放课程资源的利用现状体现了教育信息化的快速发展，越来越多的高质量课程资源通过互联网免费提供给广大用户。许多高校和教育机构已开始开放其课程内容，不仅限于本校学生，任何有需要的学习者都可以利用这些资源进行自主学习。开放课程主要包括视频讲座、课件、作业和参考书目等形式，极大地扩展了学习的范围和深度。

尽管开放课程资源在数量和种类上不断增加，存在的挑战在于如何确保这些资源的质量和实用性。许多开放课程的内容仍较为基础，缺乏与实际需求紧密结合的深度。针对这一问题，越来越多的教育机构开始注重课程的设计和内容的更新，力求使开放课程资源更加贴合当今职业发展的实际需求，提升学习者的就业竞争力。

技术的发展为开放课程资源的广泛传播和普及提供了支持。随着互联网技术、云计算和大数据分析的应用，开放课程平台变得更加稳定和智能。学习者可以通过自适应学习平台，跟踪学习进度并获得个性化的推荐，这些技术提升了开放课程资源的利用效率，并增强了学习者的学习体验。

（二）在线资源的共享与补充作用

在线资源的共享在现代教育中发挥着重要作用，它不仅打破了地域限制，还为学习者提供了更加广泛的信息来源。通过网络平台，教育资源得以快速共享，学生能够获取到来自全球的学习材料，弥补了传统教育资源的不足。尤其是在语文、数学等基础学科中，在线资源的广泛使用大大提高了学习的便捷性和实用性。

共享的在线资源在课程内容的补充方面具有显著优势。学生可以通过平台访问与课堂内容相关的参考书籍、论文、视频讲座等，进一步加深对知识的理解和应用。教师也可以将自己的教学材料上传至网络，与其他教育工作者分享经验和教学内容，从而促进了教育资源的流动和交流，提升了教育质量。

在线资源的补充作用不仅体现在学术资源的拓展上，还包括技能和职业发展的提升。越来越多的在线平台提供技能培训、职业发展课程和认证考试，帮助学生获得与市场需求相符的实际能力。这种资源的补充作用在提高学生就业能力和职业竞争力方面具有不可忽视的意义，尤其是在快速发展的技术行业中，在线资源能够为学生提供持续学习和更新知识的机会。

（三）在线资源的个性化学习功能

在线资源提供的个性化学习功能正逐步改变传统的教育模式。现代教育平台通过大数据和人工智能技术，能够根据学生的学习进度、兴趣和需求，提供定制化的学习内容和学习路径。学生可以根据自己的基础和目标，选择合适的学习材料和难度，从而使学习更加高效和符合个人发展需要。

这种个性化学习功能不仅提升了学习效率，还增强了学生的学习动力。学习者能够在平台上查看自己的学习进度、掌握的知识点以及需要进一步提升的领域，通过自我调节的方式，制定更合适的学习计划。这种灵活性和自主性极大地提高了学生的参与度，促使其主动参与到学习过程中，发挥出最佳学习效果。

个性化学习功能的进一步优化也促使教育的公平性和包容性增强。通过精准的学习推荐和智能辅助，学生能够按照自己的学习需求进行高效学习，而不必受制于统一的课程安排。这种差异化教学的实施不仅有助于解决不同学生的学习问题，还提供了自主发展的机会，促进了教育资源的优化配置和最大化利用。

三、学习社区的建设

学习社区的建设在现代教育中扮演着至关重要的角色。它为学生提供了一个交流、合作、互助的平台，极大地促进了学习动力和效率。学习社区不仅是学习资源的共享空间，还是学生共同成长和相互支持的社会网络。探讨学习社区的定义与构建方法、学习社区对学生合作能力的影响以及学习社区的维护与持续发展，能够为构建更加有效和活跃的学习环境提供指导。

（一）学习社区的定义与构建方法

学习社区是由具有共同学习目标的成员组成的互动平台，其中成员通过交流、讨论和合作来共同完成学习任务。学习社区不仅包括传统的课堂环境，还扩展到虚拟学习空间，学生可以在这些空间中共享知识、解决问题，并互相帮助。学习社区的核心在于“合作”，学生可以通过集体智慧，增强对学科的理解，提升个人的学习体验。

构建学习社区时，学校和教师应从内容、互动和技术三方面入手。内容应围绕课程目标展开，提供丰富的学习资源，如讨论材料、参考书目、视频教学等，确保社区成员有足够的学习材料进行互动和合作。互动方面，学习社区应鼓励成员之间的积极参与，利用在线讨论区、协作平台等方式促进思想交流。技术支持则要求平台具备稳定性和便捷性，确保学生可以随时随地进入社区，参与互动和获取资源。

学习社区的构建应尊重成员的个性和兴趣，允许学生根据自己的需求选择参与的活动和讨论内容。这种灵活的组织结构可以吸引不同兴趣和能力层次的学生参与，创造一个开放和包容的学习氛围，促进每个成员在自己的节奏下成长。

（二）学习社区对学生合作能力的影响

学习社区能够显著提升学生的合作能力，这不仅表现在学术学习上，还包括学生的人际交往和团队协作能力。学生通过参与小组讨论、共同完成任务、分享学习经验等活动，能够在实际合作中锻炼团队协作和沟通技巧。合作过程中，学生需要理解他人的观点、解决冲突，并有效整合不同的意见和建议，这对于培养学生的合作精神和社会交往能力具有积极影响。

通过学习社区的互动，学生能够在实践中学会分工协作和责任承担。在团队项目中，每个学生需要明确自己的角色，按时完成任务，并与组员保持密切联系。这种合作模式不仅有助于提升学生的领导力和团队精神，还能够促进学生思维的碰撞，激发创新性思维，增强解决问题的能力。

学习社区的合作氛围还能够帮助学生培养持久的学习兴趣。在合作的过程中，学生感受到来自同伴的支持和鼓励，这种积极的反馈会增强学生的学习动力，促使他们不断改进自己的学习方法和提高学习质量。通过与他人的合作，学生更容易克服学习中的困难，并获得成功的成就感，提升其自信心。（见表 5-3）

表 5-3　学习社区对学生合作能力的提升维度分析

合作能力维度	关键活动	影响效果	发展方向
团队协作与沟通能力	小组讨论、共同完成任务、分享经验	增强团队合作精神和沟通技巧	提供更多跨学科合作机会，促进跨文化交流
分工协作与责任承担	团队项目中角色分配与任务执行	提高学生的责任感和领导力，促进组织能力	通过任务多样化激发学生责任感
创新性思维与问题解决能力	思维碰撞、集体决策与问题讨论	激发学生的创新能力，提高问题解决的效率	鼓励多元思维方式，拓宽解决方案视野
学习动力与自信心	同伴支持、积极反馈、学习经验分享	增强学生学习动力和自信心，促进学习进步	强化反馈机制，持续提高参与感和归属感

（三）学习社区的维护与持续发展

学习社区的维护与持续发展是保证其长期有效性和活力的关键。在初期阶段，社区的建设依赖于教师的推动和组织，但随着时间的推移，如何保持社区的活跃度和成员的参与度成为更大的挑战。社区的长期发展需要不断优化平台功能和内容，确保学生在参与过程中获得足够的支持和资源。

为了维持学习社区的活跃性，学校和教师应定期组织活动和讨论，激发成员的参与热情。定期举办在线研讨会、知识分享会、合作项目等，能够促使学生在不同的学习任务中互动，激发对学习的兴趣和热情。教师还应通过反馈机制了解学生的需求和意见，根据反馈进行适时的调整，确保学习社区不断适应学生的发展。

长期发展的关键在于培养社区成员的自我管理能力。通过赋予学生更多的责任和权利，让学生担任小组负责人或组织者，能够激励学生更加主动地参与社区建设。随着社区成员的不断增加和经验积累，学习社区将会进入自我运作和持续创新的阶段，最终形成一个具有自主性的学习环境。

四、信息技术的辅助

信息技术的迅猛发展为教育领域带来了深刻的变革，尤其是在教学工具的运用和课堂教学的效率提升方面。信息技术不仅能够为教师提供更加丰富的教学资源，还能够为学生创造一个互动性更强的学习环境。探索信息技术在教学工具中的运用、技术辅助对语文教学效率的提升以及在信息技术使用中的问题与解决方法，有助于推动教育模式的创新，提高教学效果。

（一）信息技术在教学工具中的运用

信息技术为现代教学工具的发展提供了新的动力。通过集成多种技术，教师能够将传统教学方法与现代工具结合，创造更加高效的教学环境。电子白板、互动投影仪以及课堂管理软件等新型教学工具的出现，使得课堂互动更加生动，学生学习变得更加参与和灵活。教师能够通过这些工具展示多媒体内容、进行实时互动，极大地提升了教学的效果。

信息技术的运用不仅局限于教学设备的更新，还体现在教学内容的丰富性和多样性上。互联网平台、在线教育资源和数字化教材为教师提供了丰富的教学素材，学生能够通过电子设备获得更加广泛的学习资源。这些资源可以针对不同学生的兴趣和需求，进行个性化推送，满足学生的多样化学习要求，提高学习的针对性和效果。

通过信息技术，教学过程中的数据分析和评估功能也得到了显著提升。教师可以借助学习管理系统、在线测试和作业反馈系统等工具，实时跟踪学生的学习进度和成绩，及时发现学生的学习难点。这种数据驱动的教学方式能够使教师更加精准地掌握学生的学习状态，并根据分析结果进行适时的调整，帮助学生克服学习障碍。

（二）技术辅助对语文教学效率的提升

技术辅助在语文教学中的应用有助于提升教学效率和学生的学习动力。通过多媒体资源的应用，教师能够更生动、直观地展示教学内容。利用图像、视频和音频资料，教师可以帮助学生更好地理解文学作品的背景、人物关系和文化内涵。这些多媒体材料使得语文教学不仅仅局限于纸质教材，更加丰富和立体。

技术辅助还能够增强学生对语文学习的参与感和互动性。通过在线讨论、课堂问答、实时反馈等技术手段，学生能够更主动地参与到课堂互动中。在写作教学中，使用智能写作工具帮助学生进行文本分析、语法修正和内容改进，提升其写作水平。这些技术手段使得语文教学更加个性化，能够根据学生的需求提供定制化的学习内容。

信息技术还帮助教师实现了课堂外的延伸教学。借助在线平台，学生可以在课后访问课程视频、作业、阅读材料等内容，进行自主学习和复习。这种方式不仅延长了学习时间，还为学生提供了更灵活的学习路径。通过技术辅助，学生能够在自己的节奏下完成学习任务，增强了自主学习的能力，提升了整体学习效率。

（三）信息技术使用中的问题与解决方法

尽管信息技术在教育中带来了许多积极影响，但其应用也存在一些问题。设备和技术资源的不足，特别是在部分农村和欠发达地区，信息技术设备的配备仍然存在较大差距，影响了技术辅助教学的普及。这种不平衡的资源分配导致了教育公平性的问题，部分学生未能享受到技术带来的优势。

教师的技术使用能力也是一个亟待解决的问题。尽管信息技术为教育带来了新的机遇，但并不是所有教师都具备足够的技术使用能力，尤其是对于传统教育背景下的教师，缺乏对新技术的培训和实践经验，导致技术的有效应用受到限制。为了解决这一问题，需要加强教师的信息技术培训，提升其技术应用能力，确保技术在教学中能够得到充分发挥。

信息技术的使用过程中也面临学生过度依赖技术的问题。部分学生在课堂上过度依赖电子设备和网络资源，忽视了传统学习方法的价值。为了避免这一问题，教师应合理规划技术在教学中的使用，确保学生能够在技术辅助下同时培养批判性思维和自主学习能力，从而实现技术与传统教学方法的有机结合。

第六章 评估与反馈机制的优化

第一节 评估标准的构建

一、评估目标的明确

在语文教学中，明确的评估目标对教学质量的提升至关重要。评估不仅是对学生学习成果的反馈，还是指导教师教学策略调整的重要依据。明确评估目标有助于构建科学的评估体系，确保教学活动的有效性。探索语文教学评估的核心目标、职业教育语文评估目标的特殊性以及目标设定对教学效果的影响，能够进一步促进教学方法的优化和评估机制的完善。

（一）语文教学评估的核心目标

语文教学评估的核心目标在于全面评估学生的语言能力和综合素养。评估不仅仅是对学生知识掌握情况的测量，还应涵盖学生在语文学习中的思维能力、表达能力和创新能力。学生通过评估可以获得对自己学习进度和能力的全面了解，这为进一步的学习和发展提供了明确的方向。

在语文教学中，评估应注重语言应用能力的培养。除了传统的读写能力评估外，口语表达和听力理解能力也是重要的评估内容。通过多维度的评估体系，教师能够发现学生在语言运用方面的优势与不足，及时调整教学策略，帮助学生在各个方面全面发展。核心评估目标应包括知识的积累、技能的提升以及思维的拓展，确保语文教学的全面性和多元化。

评估目标的设定还应关注学生的个性化发展。每个学生在语言学习中表现出的兴趣、特长和困难不同，评估应给予学生个性化反馈，帮助明确自己的优势和需要提高的领域。这种个性化的评估目标能够激发学生的学习动机，促进其自主学习和持续进步。

（二）职业教育语文评估目标的特殊性

职业教育语文评估目标的特殊性在于其与学生未来职业发展的紧密联系。与普通教育不同，职业教育语文评估不仅关注学生的语言基础，还注重语言在实际工作中的应用能力。评估应结合行业需求，考查学生在实际工作中运用语言的能力，如书面沟通能力、商务写作能力和职场语言表达能力等，确保学生具备满足行业需求的语言技能。

职业教育语文评估目标还需要侧重实践能力的评价。在职业教育中，学生不仅要掌握语文的基础知识，还要能够在实际工作中有效应用这些知识。评估应结合实习、项目报告和职业模拟等实际操作，测试学生在真实场景中的语言表达与沟通能力。通过这种实践导向的评估，学生能够在真实工作情境中不断检验和提升自己的语言能力。

在职业教育中，评估的特殊性还体现在其与学生综合素质的关联上。除了语言应用能力外，职业教育语文评估还需要关注学生的团队合作、沟通协调和创新思维等方面的能力。通过全面的评估，教师能够帮助学生发现个人的职业优势和改进方向，提升其职场适应能力和竞争力。

（三）目标设定对教学效果的影响

明确的评估目标对教学效果具有深远的影响。评估目标为教师的教学活动提供了清晰的方向，使得教师在教学过程中能够针对性地设置教学内容和方法。教师可以根据设定的评估目标，设计适合学生发展的教学策略，确保学生能够在各个方面得到均衡的提升。目标的明确性帮助教师专注于学生的关键能力，提升教学的精准度和效果。

目标设定对教学效果的影响还体现在学生学习动力的激发上。当评估目标清晰且具挑战性时，学生能够明确自己在学习过程中的努力方向，并为达到目标付出更大的努力。明确的目标帮助学生制定有效的学习计划，并通过定期评估跟踪自己的进度。这种自我监控的过程有助于学生提高学习的积极性和效率，从而推动教学效果的提升。

明确的评估目标有助于形成有效的反馈机制。学生能够根据评估结果获得具体的反馈，了解自己在学习过程中的优势和不足。教师通过评估目标的反馈，能够及时调整教学策略，改进教学方法，以满足不同学生的需求。这种目标驱动的反馈机制为教学质量的提高提供了持续的支持，确保教育过程中的每个环节都能够落实到实际效果的提升上。

二、评估内容的全面性

评估内容的全面性对于确保教育目标的实现至关重要。在语文教学和职业教育中，评估不仅要关注语言能力的掌握，还需要兼顾职业技能、知识素养以及学生的个性化需求。全面的评估内容有助于培养学生的综合能力，提升其适应社会和职业的能力。探讨语言能力与职业技能的覆盖、知识与素养评价的平衡以及评估内容中的学生个性化考量，能够为教育评估体系提供更加完善的框架。

（一）语言能力与职业技能的覆盖

评估内容的全面性应包括语言能力与职业技能的综合评估。在语文教学中，学生的语言能力不仅包括听、说、读、写四项基本技能，还涉及语言的实际应用能力，特别是在职业场合中的语言表达。有效的评估应同时关注学生在学习过程中的语言应用能力，如商务写作、职场沟通等，这些都是未来职业发展所必需的语言技能。

职业教育中，语言能力的评估需要与职业技能密切结合。学生的语言能力评估不能仅局限于学术领域，还应与其未来职业需求结合，测试学生是否能够将语言知识灵活应用于职场。综合评估不仅仅通过书面测试，还应包括学生在实际工作环境中的表现评估，如实习、模拟工作任务等，确保学生能够在职业生涯中熟练运用语言。

全面的评估内容应综合考虑语言能力与职业技能的结合，制定出符合行业需求的标准。教师和教育管理者应根据行业标准，结合语文教学的特点，设计适应学生职业发展的评估方式。这种评估方式不仅有助于提升学生的语言能力，还能够确保学生在就业市场上具备强大的职业竞争力，满足企业对人才的多样化需求。

（二）知识与素养评价的平衡

评估内容的全面性应保证知识和素养的评价得到平衡。知识的掌握是学生能力发展的基础，而素养的培养则是学生在复杂社会环境中生存和发展的关键。语文教学中的评估不仅要关注学生对知识的掌握程度，还应涵盖其对文化背景、思维能力和人文素养的理解。素养的培养在于如何运用语言表达个人见解、感受和思想，如何在不同情境下使用语言进行有效沟通。

在职业教育中，知识和素养的平衡尤为重要。专业知识的掌握为学生提供了基础，但职业素养的提高能够使学生在未来职场中应对复杂的工作任务，进行有效的团队协作、沟通和领导。评估标准应从多个维度考量，不仅包括学生的专业能力，还应涉及其人际沟通、团队协作和创新思维等方面的素养。

要确保知识和素养的平衡评价，教师应通过多元化的评估方式，如项目评估、角色扮演、实习报告等，综合评估学生的理论学习和实际能力。这种平衡的评估不仅能够促进学生在学术领域的发展，还能够提升其社会适应能力和职业竞争力，使其在未来的职业生涯中更加成功。

（三）评估内容中的学生个性化考量

评估内容的全面性还应关注学生的个性化需求，特别是在不同学习能力和兴趣的学生群体中。每个学生的学习风格和进步速度不同，评估应根据学生的个性差异制定不同的标准和方式。个性化评估能够确保每个学生都能在自己擅长的领域得到体现和提升，避免了传统单一评估方式对学生个性的忽视。

个性化考量不仅体现在评估标准的调整上，还应通过多样化的评估形式体现。一些学生在口头表达上更具优势，而另一些学生则在写作和逻辑分析上更为突出。教育评估应针对学生的不同特点，设计灵活多样的评估内容，如口头报告、写作任务、小组合作等，帮助学生在最适合方式中展示能力。

个性化评估能够增强学生的学习动力。当学生的独特才能和学习进度得到认可，更保持积极的学习态度和持久的学习兴趣。个性化的评估不仅能够提升学生的自信心，还能够促进学生在自己的兴趣和优势领域取得更好的成绩，从而推动其整体发展和成就。

三、评估方法的多样化

随着教育评估领域的不断发展，采用多样化的评估方法已经成为提升教育质量的重要手段。不同类型的评估方法能够从多个角度全面反映学生的学习成果，并为教师提供丰富的教学反馈。探索定量与定性评估方法的结合、多元化评估工具的开发与使用以及案例教学中的评估方法实践，能够为教育提供更加科学和精准的评估体系，推动教育评估的进一步创新与完善。

（一）定量与定性评估方法的结合

定量评估与定性评估的结合能够全面、客观地反映学生的学习成果。定量评估通常通过分数、百分比、等级等方式对学生的学习成绩进行衡量，能够清晰地体现学生在知识掌握、技能运用等方面的具体表现。这种评估方式具有直观性和可操作性，能够为教学提供量化的数据支持，有助于教师及时发现学生在学习过程中的问题。

定性评估侧重于对学生的综合素质、思维能力以及创造性表达的评估。定性评估通常包括教师的观察、课堂讨论、学生自评和同行评价等方式，能够反映学生在学习过程中表现出的深度理解、批判性思维及创新性解决问题的能力。这种评估方式有助于捕捉学生个性化的成长和进步，能够揭示出定量评估所无法体现的学习内涵。

结合定量与定性评估方法，能够形成一个更加全面和多维度的评估体系。定量评估为学生的成绩提供了客观数据支持，而定性评估则为学生的综合能力和个性化发展提供了深入的反馈。通过这两种方法的结合，教师能够更准确地了解学生的学习状态，从而为教学策略的调整提供充分依据，提升教育评估的精准性和实用性。

（二）多元化评估工具的开发与使用

多元化评估工具的开发与使用能够更好地适应不同学生的学习需求和个性特

点。传统的评估工具主要以纸笔测试为主，往往只能考查学生的知识记忆和解题能力，忽略了学生综合素质和创新能力的评价。现代教育评估的多元化工具不仅仅局限于传统的测验，还包括了项目任务、在线测试、学习日志、互动反馈等多种形式，使得评估更加多维度和全面。

多元化评估工具能够更好地适应学生的不同学习风格和表现形式。对于擅长口头表达的学生，可以通过口头报告、演讲或小组讨论等方式进行评估；而对于偏好书面表达的学生，则可以通过写作、论文分析和案例研究等方式进行评估。这些工具能够让学生在多种形式的任务中展现自己的能力，避免了单一评估方式的局限性，促进了学生在不同领域的全面发展。

在评估工具的使用中，技术的应用尤为重要。随着信息技术的发展，评估工具逐渐向智能化、数字化方向发展。在线学习平台和学习管理系统可以帮助教师实时收集学生的学习数据，通过大数据分析对学生的学习情况进行全面评估。智能评估工具不仅提高了评估的效率，还能够提供个性化的反馈，为学生量身定制学习建议，帮助学生在学习中不断进步。

（三）案例教学中评估方法的实践

案例教学作为一种强调实践性和互动性的教学方法，在教育评估中得到了广泛应用。通过分析和解决实际案例，学生能够将理论知识转化为实践能力，而教师则可以通过学生在案例分析中的表现来评估其知识掌握程度和问题解决能力。案例教学的评估方法通常包括学生对案例的分析、解决方案的提出以及最终的呈现结果，这些都能够从多角度评估学生的综合能力。

在案例教学中的评估，重点应放在学生的思维过程和解决问题的策略上。学生不仅需要展示分析和推理能力，还需要表达出创新的解决方案和应对复杂情境的能力。这种评估方法强调过程性评价，关注学生在分析和讨论中的表现，而不仅仅是最终的结果。教师通过观察学生的思维路径和表达能力，可以全面评估学生的批判性思维和创造性解决问题的能力。

实践证明案例教学中的评估方法能够促进学生的主动学习和深度思考。通过参与实际问题的分析，学生能够培养实践能力和团队协作精神，提升其解决实际问题的能力。教师在案例教学中采用灵活多样的评估手段，不仅能鼓励学生在课堂中积极参与，还能通过实时的反馈帮助学生提高自身的不足，从而在实际应用中不断提升语言能力和综合素质。

四、评估流程的规范

评估流程的规范化是确保教育评估公正性和科学性的基础。一个清晰、有效的评估流程不仅能提升评估结果的准确性，还能确保学生的学习情况得到全面而客观的反映。评估实施的步骤与流程设计、数据的收集与分析以及规范化流程对评估公平性的保障，都是实现高质量教育评估的重要环节。对这些内容的深入探讨将有助于提高评估体系的透明度和效能。

（一）评估实施的步骤与流程设计

评估实施的步骤与流程设计是确保评估活动顺利进行的基础。有效的评估流程需要明确评估的目标和范围。评估的目标应与课程目标和学生发展需求紧密相连，并且考虑到学生的学习差异。一个合理的评估流程将为评估的每个环节提供清晰的操作标准，从而确保整个评估过程的高效与顺利进行。无论是课堂评估还是期末评估，都应根据预定的目标进行流程设计，确保评估任务明确、责任到位。

在设计评估流程时，时间管理应得到充分考虑。评估时间的合理安排是确保评估效果的关键因素之一。过长的评估周期导致学生失去学习动力，过短的评估周期则导致评估内容无法充分展开。合适的评估时间能够确保学生有足够的时间思考和反思，同时也能让教师在有限的时间内进行全面、公正的评价。评估的反馈时间同样重要，及时的反馈有助于学生改进学习策略，提高学习效率。

为了确保评估的顺利实施，流程设计应考虑评估的多样性和灵活性。每个评估环节都应有明确的实施步骤，涵盖评估的形式、内容、评分标准等细节。在实际操作中，评估流程应具备一定的弹性，以适应不同学生的表现。规范的评估流程能够有效减少教师在评估过程中的偏差，提高评估的公正性和一致性，最终实现准确反映学生学习情况的目标。

（二）评估过程中数据的收集与分析

评估过程中，数据的收集与分析是确保评估结果准确性和有效性的关键步骤。有效的数据收集不仅依赖于精准的测量工具，还需要清晰的标准化流程，以确保数据的全面性和一致性。无论是量化数据如考试成绩，还是质性数据如学生的课堂表现和参与度，都需要采用统一的方法进行收集。数据收集的完整性和有效性直接影响到评估结果的可靠性，在实施过程中必须对每个环节进行严格的控制。

数据分析的过程是评估流程中的重要环节，它能够帮助教师理解学生的学习状况，并为教学决策提供支持。分析过程中，教师应根据收集到的数据进行多维度的比较和总结，识别出学生在学习中存在的困难和不足。数据分析不仅限于对结果的简单统计，还包括对趋势和模式的挖掘。通过分析数据，教师可以更好地把握学生的学习情况，并根据数据结果调整教学内容和方式，进一步提高教学效果。

数据分析的结果需要及时反馈给学生和相关教育管理者。有效的数据反馈能够帮助学生了解自己在学习过程中的进展和存在的问题，促使其进行针对性改进。教师可以通过数据反馈对教学方法进行调整，确保教学内容和评估方式与学生的实际需求保持一致。数据收集与分析的高效性与规范性，直接关系到评估结果的真实性与公正性，也是评估流程成功与否的关键所在。（见表 6-1）

表 6-1　数据收集与分析流程示意表

步骤	内容描述	方法/工具	目的与意义
数据收集	收集学生的量化与质性数据，如考试成绩、课堂表现等	量化工具（如测试、问卷）、观察记录	确保数据的全面性与一致性，为后续分析提供基础
数据分析	对收集的数据进行多维度分析，识别学生的学习趋势与问题	数据分析软件、统计方法	帮助教师理解学生的学习状况，为教学调整提供依据
数据反馈	将分析结果及时反馈给学生和管理者	反馈报告、讨论会	帮助学生了解学习进展，促使改进，并指导教学策略调整

（三）规范化流程对评估公平性的保障

规范化评估流程为确保评估公平性提供了有力保障。评估的公平性不仅意味着对所有学生采取一致的评判标准，还涉及评估过程的透明性和客观性。规范化的评估流程能够通过标准化的评分体系、清晰的评估标准和统一的操作步骤，确保每位学生在同等条件下接受评估，避免由于教师主观判断或操作不当导致的偏差。

评估流程的规范化还能够提高评估的可操作性和执行力。规范的流程确保了每个评估环节都有明确的责任和步骤，从数据收集到反馈环节，每个过程都有据可依。教师和学生都能够明确评估的目标、方法和标准，确保在评估过程中没有漏洞或不公正之处。规范化流程的实施，不仅提升了评估的公信力，还促进了学校教育管理体系的完善。

规范化的评估流程对于学校和教师的持续改进具有重要意义。它提供了一个可持续改进的框架，教师和教育管理者可以根据评估结果和反馈不断优化教学策略和评估标准。评估流程的规范化确保了评估结果的公正性和透明性，使学生和教师能够在明确的标准下进行互动，从而更有效地推动教学质量的提升。

第二节 教学反馈的重要性

一、反馈的类型与形式

反馈在教学中是提升学生学习成果的关键环节。它不仅能够帮助学生了解自己的学习状况，还能够为教师调整教学策略提供依据。有效的反馈应当根据不同的学习阶段和需求选择适合的类型与形式。探讨形成性反馈与总结性反馈的区别、书面、口头与数字化反馈形式的分析以及不同反馈形式对教学的作用，有助于深入理解反馈在教学中的多重作用，提升教育质量。

（一）形成性反馈与总结性反馈的区别

形成性反馈与总结性反馈在教学过程中起着不同的作用。形成性反馈是一种在学习过程中持续进行的反馈形式，旨在帮助学生及时识别学习中的问题，进而进行调整和改进。它通常以实时、具体的方式给予学生建议，并鼓励学生在学习的每个阶段进行反思。这种反馈能够为学生提供方向，使其在学习过程中不断改进，形成积极的学习态度。

总结性反馈则是在学习阶段结束后进行的总结评价，通常用于对学生整个学习过程或某一阶段的学习成果进行综合评价。这类反馈主要是对学生最终成果的评价，评判学生是否达到了课程或学习目标。总结性反馈有助于学生了解自己的最终成绩，并为教师和学校的教学评估提供依据。

两者的最大区别在于反馈的时机和目的。形成性反馈侧重于过程中的改进，注重实时反馈学生的表现，以促进持续的学习进步。而总结性反馈则侧重于结果的评估，为学生的学业成绩提供依据。有效的教学评估应该结合两者，既关注过程中的学习调整，又对结果进行客观评价，以便全面促进学生的成长。

（二）书面、口头与数字化反馈形式的分析

反馈的形式多种多样，其中书面反馈、口头反馈和数字化反馈各有其独特的优势和适用场景。书面反馈通常以教师的批注或书面报告形式呈现，它能够为学生提供详细的反馈信息，帮助学生清楚地了解自己的优点与不足。书面反馈的优势在于其可回顾性，学生可以随时查阅，进行深刻的反思和改进。这种形式尤其适合对复杂的学习任务进行详细评价。

口头反馈则更具互动性，能够在面对面的交流中快速传达信息。教师通过与学生的实时对话，能够快速解答疑问并提供建议。口头反馈通常更具情感色彩，能够及时鼓励学生，增强学生的学习信心。它的即时性和灵活性使得学生能够快速理解反馈内容，进而调整学习策略。

随着技术的发展，数字化反馈逐渐成为一种新的教学手段。数字化反馈通常依托于学习管理系统、在线平台或教育软件，能够为学生提供实时反馈、定制化建议以及学习进度的跟踪。其优势在于其高效性、个性化和便捷性，能够根据学生的学习数据生成具体的反馈，帮助学生及时了解学习情况，进行自我调整。数字化反馈还能够通过互动功能增强学生的参与感，并使反馈过程更加精准和科学。

（三）不同反馈形式对教学的作用

不同反馈形式对教学有着显著的作用，每种形式的反馈在教学中的功能和效果也有所不同。书面反馈能够提供详细的分析，帮助学生清楚地了解自己的学习成就与不足。它有助于学生整理思路，理解问题的根本原因，从而在后续的学习中避免类似的错误。书面反馈的深度和详细性使得学生能够从中获得具体的改进建议，对提升学生的学习成绩起到积极作用。

口头反馈则侧重于即时性和互动性，能够激发学生的学习兴趣和主动性。教师通过口头反馈能够及时调整教学策略，针对学生的具体问题进行讲解，并给予学生情感上的支持。这种反馈形式有助于学生在教学过程中保持高度的参与感，增强学习动机和自信心，进而提升学习效果。

数字化反馈的作用在于其个性化和高效性。数字化工具能够精准地跟踪学生的学习进度，自动生成反馈意见，帮助学生及时识别学习中的困难。数字化反馈能够将大量的学习数据转化为具体的建议和学习路径，使学生能够根据自己的需求进行有针对性的学习。这种形式不仅提高了反馈的效率，还增强了学生自我管理和自我调整的能力，对教学的个性化和持续改进起到了推动作用。

二、及时反馈的策略

及时反馈在教育过程中起着至关重要的作用，它能够帮助学生在学习的过程中不断调整自己的学习方法和策略，从而提高学习效率。良好的反馈机制不仅能够促进学生的知识掌握，还能激发学生的学习兴趣和积极性。探讨课堂即时反馈的实施方法、课后反馈的整理与跟进以及学生个体化反馈策略的优化，有助于构建一个高效的反馈体系，提升教学质量。

（一）课堂即时反馈的实施方法

课堂即时反馈是评估学生学习情况的重要环节，它能够帮助教师实时了解学生的理解水平，并针对性地进行调整。实施课堂即时反馈的方法有很多种，教师通过提问、观察学生反应或进行小组讨论等方式获取反馈。这种方式能够帮助教师在课堂上迅速识别学生的困惑和学习困难，从而进行有针对性的讲解和辅导。

在课堂上教师还可以通过即时测验和小型互动活动进行反馈。这种即时反馈方式能够鼓励学生积极参与，增强学生的学习动力。通过课堂互动、举手回答问题或参与短小的测验，教师可以快速收集学生的反馈信息，判断学生对知识点的掌握程度，并根据反馈结果调整后续教学进度或方法。

即时反馈的实施不仅仅依赖于教师的观察和提问，学生的参与度和课堂氛围也至关重要。通过建立一个积极互动的课堂环境，教师能够鼓励学生主动提问、表达自己的想法和疑问，从而使反馈过程更加高效。教师在提供即时反馈时，还应确保反馈内容具体且具有建设性，使学生能够清晰地理解自己的优点与不足，进而激发改进的动力。

（二）课后反馈的整理与跟进

课后反馈的整理和跟进是确保学生能够从反馈中获得最大收益的重要环节。教师应在课堂结束后及时整理学生的作业、测试结果和课堂表现，将反馈转化为具体的改进建议。这一过程需要教师仔细分析学生的表现，找出共同的学习困难和不足，以便在后续教学中给予针对性的指导。

课后反馈的整理不仅仅是对学生学习情况的总结，更是教学改进的依据。教师可以通过分析学生的反馈信息，识别出课堂教学中存在的问题，如教学内容不清晰、难度过大或教学方法不适合等。基于这些反馈结果，教师可以调整教学内容或方法，确保学生能够在后续的学习中获得更好的理解和进步。

课后跟进是反馈中不可忽视的环节。教师应根据课后反馈为学生提供个性化的学习指导，帮助学生解决在学习过程中遇到的困难。跟进措施可以包括一对一辅导、额外的学习资源推荐或课后复习材料的提供。通过及时的跟进，学生能够在课后继续巩固知识，提高学习效率，确保反馈过程的持续性和有效性。

（三）学生个体化反馈策略的优化

学生个体化反馈策略的优化是提升反馈效果的关键。每个学生的学习能力、兴趣和需求不同，个性化的反馈能够更加精准地帮助学生解决问题，促进其成长。教师应根据学生的特点和学习进度，设计差异化的反馈策略，以确保每个学生都能从反馈中获益。对于进度较快的学生，教师可以提供挑战性任务或引导学生进行深度思考；而对于学习进度较慢的学生，教师应提供更多的指导和支持，帮助其克服学习中的困难。

优化个体化反馈策略还应考虑学生的学习风格。不同的学生更倾向于某种类型的反馈方式，如一些学生更喜欢书面反馈，而另一些学生则更愿意通过口头交流获得建议。教师应根据学生的反馈需求，灵活选择合适的反馈形式，并根据反馈的效果进行调整。教师还应注意反馈的及时性，确保学生能够在适当的时机获得反馈并进行改进。

个体化反馈策略的优化不仅仅是对学生学术表现的评估，更包括对其情感和动机的关注。积极的、鼓励性的反馈能够增强学生的自信心，激励其继续努力。通过关注学生的心理和情感变化，教师能够为学生提供更加全面的支持，帮助在学习中保持积极的态度和持续的动力。

三、反馈对教学的影响

反馈在教学过程中不仅为学生提供了自我评估和改进的机会，还为教师提供了调整教学策略的依据。有效的反馈能够促进教学质量的提升，帮助学生发现自己的优缺点，并在未来的学习中做出相应的调整。探讨反馈对教师教学行为的调整作用、对学生学习行为的促进作用以及基于反馈的教学效果改进案例，有助于更全面理解反馈对教学效果的推动作用。

（一）反馈对教师教学行为的调整作用

反馈对教师教学行为的调整具有重要影响。教师通过学生的反馈能够识别教学过程中存在的问题，并及时调整教学策略和方法。如果学生普遍表现出对某一知识点的理解困难，教师可以适时修改讲解的方式，或者为学生提供更多的辅导。这种反馈机制为教师提供了实时的教学数据，有助于调整教学内容的深度和广度，确保课堂教学更具针对性。

学生反馈能够揭示出教学方法和活动的有效性。如果某种教学活动或方法未能达到预期效果，教师可以根据学生的反馈进行改进。通过不断地调整，教师可以优化课堂结构，使教学活动更符合学生的认知发展水平，提高学生的参与感和学习积极性。反馈机制帮助教师在教学过程中保持灵活性和适应性，从而最大程度地提升教学质量。

有效的反馈还能够促进教师自我反思和专业成长。通过不断分析学生的反馈，教师能够审视自己的教学方法、课堂管理技巧和与学生的互动模式。这种反思不仅有助于教师发现自身的不足，还能为其提供改进的方向。教师通过接受学生反馈，不断完善自己的教学能力，提升教学效果，并进一步加强与学生的沟通与合作。

（二）反馈对学生学习行为的促进作用

反馈对学生学习行为的促进作用主要体现在两个方面：自我认知和学习动机。通过及时的反馈，学生能够明确自己在学习过程中取得的进展和存在的不足。这种自我认知使得学生能够清楚地了解自己的优势和劣势，从而制定更加有效的学习计划。反馈帮助学生在不断调整学习策略的过程中，逐步提高自己的学业水平。

及时的反馈能够极大地激发学生的学习动机。当学生获得正向反馈时，会感到自己的努力得到了认可，从而增加学习的信心与动力。负向反馈则能够帮助学生认识到自己的不足，促使在接下来的学习中更加努力，不断改进。这种反馈机制的存在，能够帮助学生在面对挑战时保持积极的学习态度，增强学习的主动性。

反馈还能够培养学生的自我调整能力。在教学过程中，学生不仅仅依赖于教师的指导，也能通过反馈学会自我评估并进行调整。学生在接受反馈后，会更主动地反思自己的学习方法，尝试不同的学习策略，直到找到最适合自己的方式。这种自我调整能力的培养，有助于学生在未来的学习和生活中独立解决问题，并不断进步。

（三）基于反馈的教学效果改进案例

基于反馈的教学效果改进已经在许多教育实践中得到了验证。在某些课堂中，教师通过实时收集学生的反馈，发现了学生在某个语法点的普遍困惑。教师随即调整了讲解方法，采用了更多的互动和举例说明，帮助学生更好地理解该知识点。经过多次反馈和调整，学生对这一知识点的掌握显著提高，课堂互动也变得更加积极和高效。

另一个改进案例发生在小组讨论活动中。教师根据学生的反馈发现，部分学生在小组中表现得较为被动，不愿发表意见。为了解决这一问题，教师调整了小组讨论的结构，并引入了更多的引导性问题和小组角色分配。通过这些调整，学生的参与度显著提高，讨论变得更加深入和富有成效。教师通过这一过程验证了反馈对教学活动优化的关键作用。

在一项长期的教学实验中，教师通过学生的期中和期末反馈，逐步改进了课程的设计与结构。学生反馈显示，对课程内容的难度和实际应用感兴趣，但对某些抽象理论感到困难。教师根据这一反馈重新安排了课程的顺序，减少了理论性内容的比重，并增加了更多的案例分析和实践环节。学生的整体学业成绩和满意度都有了明显提高。这一案例充分证明了及时反馈对教学效果的改进作用。

四、学生自我反馈的引导

学生的自我反馈能力在学习过程中扮演着重要角色。自我反馈不仅有助于学生识别自己的学习优缺点，还能激发其自主学习的动力。培养学生的自我反馈意识、设计有效的自我反馈工具以及引导学生进行深度反思，能够帮助学生更好地掌控自己的学习进程，提升学习效果。这一过程不仅促进了学生的自我认知，还增强了其学习的自主性和主动性。

（一）学生自我反馈意识的培养

培养学生的自我反馈意识对于提高学习效果至关重要。学生在学习过程中往往依赖教师的反馈，但如果没有自我反馈的意识，学生难以独立发现和解决学习中的问题。通过系统的培养，学生能够逐渐认识到自我反馈的重要性，理解自我评估在个人成长中的作用。培养这种意识使学生能够在日常学习中主动反思，从而提高学习能力和自我调整能力。

学校和教师可以通过引导学生定期进行自我评估，帮助明确学习的目标、过程和结果。学生在每次学习后，结合自己的学习体验进行自我反馈，能够发现自己的优点和不足，帮助其调整学习策略。这种反馈方式能够增强学生的责任感，在学习过程中不断掌握主动权。只有通过这种自觉的自我反馈，学生才能在长期的学习中获得持续的进步。

除了学习过程中的自我反馈，教师还可以通过组织自我反馈的专项训练课程，帮助学生逐步掌握反馈技巧。这种训练课程可以引导学生在特定的学习任务中进行反思，思考自己学习的具体细节，并与标准进行对比。这种方式能够帮助学生形成清晰的学习认知，逐步养成自我反馈的良好习惯，提高学习的自主性和深度。

（二）自我反馈工具的设计与使用

设计有效的自我反馈工具是促进学生自我反馈能力提升的重要途径。传统的自我反馈通常依赖学生的主观判断，这导致反馈的片面性或不准确性。有效的自我反馈工具能够提供结构化的框架，帮助学生系统地进行自我评估。建立学习进度表、任务清单和自评量表等工具，可以帮助学生清晰地认识到自己在学习中的各项进展与不足。这些工具通过明确的标准和量化的方式，降低了自我反馈的主观性，使得反馈更加客观和有效。

自我反馈工具的设计应根据不同学科和学习任务的特点进行定制。在语文学习中，学生可以使用写作反思表，列出自己的写作优点、改进之处以及下次写作的具体目标。这种工具能够帮助学生在每次写作后进行详细反思，明确自己的写作技巧和语言表达能力的提升空间。通过定期使用这些工具，学生能够逐步培养出清晰的自我反馈机制，增强学习的连贯性和效果。

工具的使用效果不仅依赖于其设计的科学性，还与学生的主动性密切相关。教师应引导学生正确使用这些工具，帮助其理解工具背后的意义和功能。自我反馈工具应作为一种辅助工具，而非学生负担的增加，帮助学生更好地掌控自己的学习过程，并及时调整学习策略。通过科学、有效的工具使用，学生能够持续改善自己的学习方法，形成良性的学习反馈循环。

（三）引导学生在学习中进行深度反思

深度反思是自我反馈的核心，它能够帮助学生从根本上认识到自己的学习情况，进而做出有效调整。在学习过程中，学生通常只会关注任务的完成情况，而忽视对学习过程的深层次反思。引导学生在学习中进行深度反思，可以让学生更全面地认识自己的学习过程，分析学习中的优缺点，进而提升学习质量。深度反思不仅关注结果，还要关注学习方式、情感投入和思维过程等方面。

教师应通过引导性问题、个性化指导和反思日志等方式，帮助学生进行深度反思。通过定期的反思活动，学生能够在日常学习中养成主动回顾和批判性思考的习惯。教师可以要求学生在完成作业后，列出自己在完成过程中遇到的问题和成功的策略，并探讨自己可以如何进一步提高。这种反思方式有助于学生将所学知识与实践相结合，提升其思维的深度和广度。

深度反思的另一个重要方面是帮助学生认识到学习中的情感和态度。学习不仅仅是知识的获取过程，还涉及情感体验和认知调整。学生在进行自我反馈时，需要关注自己对学习任务的情感反应，分析是否存在焦虑、缺乏动力或其他情绪因素的干扰。通过情感的反思，学生能够更全面地了解自己的学习状态，并进行有针对性的调整，从而在情感上更好地适应学习任务。

第三节 教学改进的实践

一、根据反馈进行调整

教学反馈是教学过程中的一个重要环节，它为教师提供了有价值的信息，帮助他们了解学生的学习状态和需求。根据反馈进行调整能够确保教学内容和方法能够适应学生的实际情况，提升教学效果。探讨反馈在课程内容调整中的应用、基于反馈优化课堂教学设计以及教师在调整过程中的关键作用，可以为教学改进提供有效的参考和指导。

（一）反馈在课程内容调整中的应用

反馈在课程内容调整中具有至关重要的作用，它帮助教师评估当前教学内容的有效性和学生的学习状态。当学生对某一知识点表现出普遍的困惑或无法理解时，教师可以根据反馈调整课程内容的呈现方式，确保学生能够充分理解。课程内容的调整不仅仅是根据学生的成绩来判断，还要关注学生在课堂中的参与度和对内容的吸收能力。这种基于反馈的调整能够帮助教师优化教学进度和内容，使其更符合学生的认知需求。

在实际操作中，教师可以通过多种形式的反馈收集学生的学习感受，通过课堂互动、测验结果或小组讨论等方式。这些反馈能够帮助教师实时了解学生的掌握情况，及时调整教学内容的难度和深度。如果学生普遍掌握了某一知识点，教师可以适当增加挑战性内容，提升教学的深度；而如果学生在某一方面存在普遍问题，则可以减缓教学进度，进行针对性的讲解和辅导。

课程内容的调整不仅是应对学生的短期需求，还要关注长期的学习效果。教师应根据学生在整个学期或学年的学习进展，适时调整课程的重点内容，灵活应对不同阶段学生的学习进度和认知水平。通过定期的反馈分析，教师可以更好地把握教学节奏，确保每个学生都能在合适的进度下掌握知识，提升其综合能力。

（二）基于反馈优化课堂教学设计

课堂教学设计的优化离不开有效的反馈机制。根据学生在课堂上的反应，教师可以不断调整教学方法和手段，使教学过程更加灵活和富有成效。反馈能够为教师提供学生学习过程中存在的问题和挑战，这些信息帮助教师明确课堂教学中哪些环节需要加强或改进。在课堂教学中，若学生在某一环节表现出理解困难，教师可以通过调整讲解的方式，使用更多实例、图示或互动环节来帮助学生理解。

优化课堂设计还包括调整课堂结构和教学活动的安排。教师应根据学生的反馈，灵活调整活动的类型和时间。在小组讨论中，若反馈显示某些学生难以参与，教师可以调整小组成员的分配方式或设计更具互动性的任务，增强每个学生的参与感和学习动力。课堂中的时间分配也可根据学生对某一知识点的掌握程度进行调整，确保每个环节都能够充分发挥作用，帮助学生巩固知识。

基于反馈优化课堂设计不仅仅是解决当前问题，更是预见未来的教学需求。教师可以通过长期收集的反馈数据，识别出教学设计中的潜在问题，如教学活动的吸引力、课堂讨论的深度等。基于这些反馈，教师能够提前预测并调整课堂设计，使其更加符合学生的需求和教学目标的达成，从而提高教学的整体效果。

（三）调整过程中教师的关键作用

在根据反馈进行教学调整的过程中，教师扮演着至关重要的角色。教师不仅仅是教学内容的传递者，还需要根据反馈信息做出及时、有效的决策，调整教学策略。教师的教学判断力和应变能力直接影响反馈的有效性和课堂的教学效果。教师应根据学生的反馈情况，快速做出反应，调整教学节奏和方法，确保每个学生都能在适合自己的方式下进行学习。

教师的关键作用还体现在对反馈的解读和分析上。不同的反馈形式传达不同的信息，教师需要具备敏锐的观察力和分析能力，准确识别学生反馈中的关键信息。学生对某一内容表现出的困惑不仅仅是因为知识点的难度，还与教学方式、学习材料的呈现方式等因素有关。教师需要综合分析各种反馈信息，全面评估课堂教学的效果，及时做出相应的调整。

教师在调整教学过程中还需要与学生保持良好的互动关系。通过与学生的有效沟通，教师能够更好地理解学生的真实需求和困难，从而做出更加精准的教学调整。教师应通过反馈与学生建立起互动的桥梁，让学生感受到教学调整是基于学习需求，从而增强学生对教学的信任和参与度。教师的灵活性和应对能力是教学调整成功的关键因素之一。

二、教学反思与改进

教学反思是教师专业成长的重要组成部分。它不仅帮助教师评估自身的教学效果，还能够通过对教学实践的深刻思考，不断提升其教育能力。有效的反思有助于教师发现教学中的问题并进行改进，从而提高教育质量。探讨教学反思对教师成长的意义、反思过程中发现问题的方法以及从反思到改进的实践路径，能够为教师提供切实可行的自我提升策略。

（一）教学反思对教师成长的意义

教学反思是教师自我提升和职业发展的重要途径。通过回顾和分析教学实践，教师能够更清晰地了解自己在教学过程中的优点与不足，从而不断优化教学方法。反思使教师能够从不同角度审视自己的教学，促进教学理念的不断更新与完善。正是通过这一过程，教师能够逐步形成适合自己风格的教学方法，并在长期的教学实践中不断提升专业水平。

反思为教师提供了一个持续学习的机会。教育是一项动态的职业，教学内容和学生需求不断变化，反思能够帮助教师紧跟教育发展的步伐。每次教学活动结束后，教师通过反思能够对教学内容的安排、教学方法的选择以及课堂管理的技巧进行自我审视，发现其中存在的盲点，从而为今后的教学调整和改进奠定基础。教师通过定期的反思，能够不断积累教学经验，提升教学质量。

教学反思对于教师的职业情感和心理健康也有积极的影响。教师在反思过程中，不仅关注教学技术和方法的提升，还能够关注自身的情感变化和职业疲劳。反思提供了一个自我疏导和情感管理的空间，教师能够通过反思发现教学中的压力源，并寻找有效的解决策略，从而维持积极的职业心态和情感状态，保持长期的教学热情。

（二）反思过程中发现问题的方法

在教学反思过程中，发现问题是改进的前提。教师需要通过多种方法来识别教学中存在的问题，以便采取相应的改进措施。学生反馈是发现问题的重要来源。学生的学习成果、课堂表现以及对教学内容的反馈能够直接反映教学中的有效性和问题。教师可以通过学生的作业、测验成绩、课堂互动以及课后反馈等多种形式，了解学生的理解程度，从而发现教学中的不足。

课堂观察是另一种有效发现问题的方法。教师可以通过观察自己或同事的课堂教学，分析教学方法和课堂管理的效果。课堂观察不仅能够揭示教师在教学中的优缺点，还能提供反思的视角。教师在观察中能够注意到教学活动的节奏、内容呈现的方式以及学生的反应，从而深入了解教学过程中存在的问题。同事间的互相评估与反馈是发现问题的有效途径，教师通过与同事的交流，能够从不同角度获得关于教学的宝贵意见。

教师还可以借助自我评价和录音录像回放等方式来发现问题。自我评价是教师在每次教学结束后，针对自己的教学表现进行反思和总结。录音和录像则能够帮助教师更客观地审视自己在课堂上的表现，包括语音、语调、教学内容的组织和学生的参与情况。通过回放自己的教学视频，教师能够识别出自己在教学过程中未曾注意到的问题，进一步改进教学技巧和方法。

（三）从反思到改进的实践路径

将反思转化为实际的改进需要系统的思考和行动步骤。反思提供了问题的诊断，而改进则是解决问题的具体行动。教师应根据反思结果制定具体的改进目标。这些目标应明确、可操作，并针对教学中发现的问题进行调整。如果在反思中发现学生对某一知识点的掌握不足，教师可以设定提升该知识点教学效果的具体目标，并在下次教学中实施改进策略。

教师应根据设定的改进目标，选择合适的教学策略和方法进行尝试。改进措施可以是教学内容的调整，也可以是教学方法的创新。若反思发现学生的听说能力较弱，教师可以尝试更多的口语练习和互动式教学，帮助学生在实际应用中提升语言能力。改进过程中，教师应关注学生的反馈，及时评估改进措施的效果，确保调整能够有效提升教学质量。

教师应通过持续的反思和实践，巩固改进成果。在实施改进措施后，教师应进行定期的自我评估，检查改进策略的实际效果。教师还可以通过与同行交流、学生反馈以及个人教学日志等方式，确保改进措施在长期教学中能够持续有效。通过不断反思和实践，教师能够实现自我成长，提升教学水平，最终达到教学质量的不断提高。

三、持续改进的机制

持续改进是提升教学质量的关键，尤其在教育实践中，教学内容、方法和评估体系需要根据实际情况不断优化。建立有效的持续改进机制，不仅有助于教师和学校更好地应对教育环境的变化，还能保证学生获得更高质量的学习体验。探讨建立教学改进的周期性机制、教学改进中的多方协作模式以及改进成果的总结与推广，能够为教学持续改进提供明确的路径和支持。

（一）建立教学改进的周期性机制

教学改进的周期性机制为教师和学校提供了一个持续反馈与优化的框架。这一机制的建立，使得教师能够定期回顾和反思自己的教学实践，识别出存在的问题并进行有效的调整。周期性改进不仅能够增强教学的连贯性，还能够确保教育改革措施得到长期和稳定地执行。学期初或学期末进行的教学总结，能够帮助教师识别出在过去一段时间内的不足，并为下一个周期的改进提供依据。

这种周期性机制的关键在于设定明确的改进目标和评估标准。教师可以在每个教学周期开始时明确设定改进的方向，并在周期结束后进行评估，查看教学策略是否达到预期效果。如果评估结果表明某一方法未能有效提升教学质量，教师可调整策略，继续改进。这一过程的反复实施，有助于教学质量的逐步提高，形成持续改进的正向循环。

周期性机制的实施还需要学校提供必要的支持与资源。学校应鼓励教师根据反馈和自我评估进行定期的教学反思和改进。定期的教师培训、教学观摩和协作活动能够为教师提供改进的机会和途径，从而确保持续改进的机制能够顺利进行并且达到预期目标。

（二）教学改进中的多方协作模式

教学改进的过程离不开各方的协作与支持。学校、教师、学生以及教育管理者等多方的共同参与，是确保教学改进措施成功实施的重要保障。教师之间的协作对于教学方法的创新和推广至关重要。教师可以通过定期的教研活动和团队合作，共享教学经验和最佳实践。这种协作不仅有助于解决课堂教学中的实际问题，还能够促进教师的专业发展和互相学习。

学生的参与是教学改进不可忽视的一部分。学生反馈不仅仅是教学调整的依据，还能为教师提供改进的动力和方向。学生在学习过程中对教学内容、形式和评价方式的反馈，能够帮助教师及时发现教学中的问题，确保教学更符合学生的需求。通过建立定期的学生反馈机制，教师可以根据学生的意见优化课程内容和教学方法，从而提高学生的学习效果。

教育管理者的支持对于教学改进的推动具有重要意义。管理者应通过制定相关政策、提供必要的资源和支持，确保教师能够在良好的环境中进行教学改进。管理者还应通过定期的教学评估和监督，促进教师持续进行教学反思和改进。多方协作模式的成功实施，能够为教学改进提供稳定的保障和丰富的支持。

（三）改进成果的总结与推广

教学改进的成果需要总结和推广，以确保改进的经验和成果能够为更多的教师和学校所借鉴。总结改进成果有助于评估教学改革的有效性，为下一步的改进提供依据。教师可以通过教学案例分析、教学成果展示以及教学报告等方式，将自己的改进经验进行总结，并分享给同行。这种总结不仅有助于反思和提升，还能够促进教学方法和理念的传播与交流。

在总结改进成果的过程中，教师应注重数据的收集和分析。通过收集教学数据、学生成绩和反馈意见，教师可以量化教学改进的效果，为总结提供真实的依据。数据分析能够帮助教师清晰地看到改进措施的实际效果，进而为进一步的教学优化提供支持。总结阶段是对改进措施的反思，也是为持续改进提供系统性方法的关键。

推广改进成果的过程同样重要。教师应通过各类平台，如校内外的学术会议、教育论坛或在线教育社区，分享自己的教学经验和成果。学校应鼓励教师之间进行经验交流，通过教学研讨、经验分享会等形式，推动教学改进成果的共享

和普及。通过这一过程，改进成果能够在更广泛的范围内得到应用，提升整体教育质量，实现教学改革的全面成功。(见表 6-2)

表 6-2　教学改进成果总结与推广流程

步骤	内容描述	方法/工具	目的与意义
成果总结	对教学改进过程进行总结，提炼出有效的改进措施与经验	教学报告、案例分析、成果展示	评估教学改革的效果，为进一步改进提供依据
数据收集与分析	收集教学数据、学生成绩与反馈意见，量化改进效果	数据分析软件、调查问卷	为总结提供真实数据支持，量化改进成果的实际效果
成果推广	将教学改进成果进行分享和传播，推动成果的广泛应用	教学研讨会、学术会议、教育论坛	扩大教学改进的影响力，提升教育质量，推动教育改革

四、教师与学生的共同参与

教学改进不仅是教师的责任，学生的参与同样至关重要。教师作为教学改进的主导者，需要积极引导和设计教学策略，而学生的积极参与则有助于反馈教学效果和提升学习质量。教师与学生共同参与改进教学内容、方法和评估方式，不仅能够提升课堂效率，还能激发学生的学习动力，促进教育环境的良性循环。探讨教师在教学改进中的主导角色、学生参与教学改进的激励机制以及共同参与对教学效果提升的意义，有助于为建立更加有效的教学改进模式提供思路。

（一）教师在教学改进中的主导角色

教师在教学改进过程中承担着重要的引导和决策责任。作为教学内容和方法的设计者，教师不仅要根据学生的反馈调整教学策略，还需根据教育理念和课程目标不断优化教学过程。教师的教学反思和实践经验为教学改进提供了基础，能够帮助识别和解决教学中的实际问题。通过与学生的互动，教师能够及时调整课堂内容，优化教学结构，确保教学活动更加适应学生的学习需求。

教师的主导角色还体现在他们为改进过程制定明确的目标和路径。改进措施的实施通常依赖于教师的专业判断与教育背景，教师需要确保改进目标与教学大纲、学生需求相符合，并结合课堂实际进行灵活调整。教师的决策不仅影响到教学内容的选择，还决定了如何调整教学方法和评估方式，以更好地满足学生的学习需求。教师在教学改进中的主导作用是不可或缺的。

教师还应起到激励和引导学生的作用。教学改进不仅需要教师对教学方法的调整，还需要教师在改进过程中鼓励学生积极参与并提供有效反馈。教师能够通过创造积极的课堂氛围，激发学生的主动性和参与感，使他们成为教学改进的重要推动力。通过教师的主导作用，教学改进能够有效地嵌入日常教学实践中，并不断推动教育质量的提升。

（二）学生参与教学改进的激励机制

学生的参与是教学改进的重要组成部分，激励机制的建立能够促进学生的积极性和参与度。通过为学生提供反馈渠道和表达平台，教师能够帮助学生认识到在教学改进过程中的重要性，激发学生主动参与的动力。激励机制可以包括设立奖励机制、反馈环节和学习进展的可视化展示等，鼓励学生通过自我评估、同伴评估和教师反馈，不断调整和优化自己的学习策略。

激励机制不仅仅局限于物质奖励，更注重学生的心理激励。教师可以通过对学生学习成果的肯定和对努力的表扬，提高学生的自信心和积极性。在课堂讨论、作业评价和考试反馈等环节，教师应注重对学生优点的表扬，并帮助识别改进的方向。学生在正向反馈中获得自信，有助于在教学改进过程中更积极地表达意见，提供反馈，参与课堂活动，从而促进整体学习效果的提升。

建立学生参与的激励机制还需要学校层面的支持和保障。学校可以通过定期开展学生反馈收集活动、组织教学改革相关的讲座和研讨会等形式，激励学生积极参与教学改进。学生的意见和反馈不仅为教师的教学调整提供了宝贵的参考，还能够通过全校范围的反馈机制不断推动教学方法和内容的优化。通过学校和教师共同推动，学生能够充分理解自己在教学改进中的角色，从而激发持续参与的热情。

（三）共同参与对教学效果提升的意义

教师与学生的共同参与对于教学效果的提升具有深远的影响。通过双方的密切合作，教学改进不仅能够实现个性化的调整，还能够在更广泛的层面上促进教育目标的实现。当教师根据学生反馈及时调整教学方法时，学生能够在更符合自己学习风格的环境中提高学习效果。学生积极参与教学反馈和改进的过程中，能够更清晰地认识到自己的学习需求和目标，从而提升自我管理能力。

共同参与还能够增强教师与学生之间的互动性，提升课堂的活跃度。在学生参与的课堂中，教师不仅是知识的传递者，还是学习活动的引导者和协作伙伴。这种互动和合作能够激发学生的学习动力，增加课堂内容的实际应用性。学生在反馈中感受到自己的意见被尊重和采纳，进而增强其对课程内容的投入和兴趣，从而推动学习效果的提高。

教师与学生的共同参与有助于教学的长远发展。当教师与学生之间建立了有效的反馈机制和互动平台，教学改进将变得更加持续和高效。学生的反馈和建议能够为教师提供源源不断的改进动力，而教师的引导和激励则帮助学生不断提高其学习能力。这种双向互动的过程，推动了教育质量的不断提升，为未来教学改革和教育目标的实现打下了坚实的基础。

第四节　成效评估与展示

一、评估结果的分析

评估结果分析是教育过程中不可或缺的一部分，它为教师提供了宝贵的信息，用以理解学生的学习状况，并指导教学改进。通过对评估数据的分类与解读，可以发现学生的学习优势与不足，进而优化教学策略。评估结果的分析不仅能帮助教师进行教学决策，还能为未来的教学设计提供有力支持。探讨评估数据的分类与解读、结果分析对教学决策的指导作用以及基于数据的教学改进建议，为教育实践提供了更加科学和高效的改进路径。

（一）评估数据的分类与解读

评估数据的分类与解读是确保评估结果有效利用的基础。教师需将评估数据按照不同的维度进行分类，以便更清晰地呈现学生在各个方面的表现。考试成绩可以按知识点进行分类，课堂参与情况可以按学生的互动频率或发言质量进行分类。通过对不同类别的数据进行系统整理，教师能够精准识别学生的学习情况和教学中的薄弱环节，从而在后续的教学中进行针对性调整。

数据解读的过程中，不仅要关注学生的成绩，还应关注其学习过程中的表现。学生在课堂上的参与情况、作业的完成质量以及小组活动中的表现，都能够为教师提供有关学生学习态度和能力的重要线索。解读这些数据有助于教师全面了解学生的学习状态，为个性化教学提供依据。教师应从多个角度综合分析数据，而非仅凭单一成绩判断学生的学习水平。

数据分类与解读的目的是帮助教师有效识别出学生在学习中的关键问题，并为教学改进提供数据支持。教师可以根据解读结果发现教学内容和方法的有效性，进而做出针对性的调整。这一过程不仅促进了教学过程的改进，还为学生的个性化学习提供了保障，确保每个学生都能在适合自己的教学方式下取得最佳的学习成果。

（二）结果分析对教学决策的指导作用

结果分析能够为教师提供基于事实的决策支持，帮助教师在教学过程中做出更具针对性的调整。通过对评估结果的分析，教师能够发现学生在不同领域的学习成果，并据此调整教学目标、教学方法和教学内容。若评估结果显示学生在某一知识点的掌握上存在普遍困难，教师可以选择加强该部分内容的教学，或者采用更为有效的教学策略帮助学生理解。

结果分析对教学决策的影响不仅限于课程内容的调整，还包括对教学方法的选择。数据分析能够揭示出哪些教学方法在学生中效果最佳，哪些方法导致学生理解的困难或兴趣下降。教师可以根据分析结果调整教学手段，如增加互动环节、使用多媒体教学工具或引入更多实践活动，以提升学生的参与度和学习效果。结果分析的精准度直接关系到教学策略的优化，确保每个教学决策都能有效支持学生的发展。

评估结果分析还能够为教师提供持续改进的动力。当教学决策能够直接基于学生的学习数据时，教师会更加注重反思自己的教学方法与实践。数据驱动的决策方式使得教学调整更加科学和高效，教师能够及时发现教学中的问题并进行必要的改进。结果分析为教学提供了反馈和指导，推动教师不断完善教学过程，提高教学质量。

（三）基于数据的教学改进建议

基于数据的教学改进建议能够为教师提供切实可行的改进方向，帮助教学实践更加精准和高效。教学评估的结果能够反映出学生在不同方面的优势与不足，教师可以依据这些数据，为每位学生提供个性化的学习建议。数据分析表明某些学生在某些学科领域的表现突出，而在其他领域则相对较弱，教师可以针对这些学生的学习薄弱环节提供补充材料或个别辅导，从而提升其整体学习水平。

基于数据的教学改进建议不仅帮助学生提高成绩，还能够优化教学方式。教师可以通过对数据的深入分析，发现哪些教学策略更为有效，哪些环节造成学生的困扰。改进建议不仅包括教学内容的优化，还涵盖了教学方法、课堂活动的安排以及教学资源的使用等方面。这些建议帮助教师从多维度入手，对教学实践进行系统性提升。

基于数据的教学改进建议为教师提供了一个持续发展的框架。教师通过不断收集和分析教学数据，可以实时监测教学效果，发现潜在问题并及时改进。数据驱动的改进建议使得教学更具针对性，确保每个学生都能在适合自己的方式下接受教育，最大化其学习潜力。教学改进的过程也不断推动教育质量的提升，形成良性循环。

二、展示成果的方法

教学成果的展示不仅是对教学过程的总结，还是对教师和学生共同努力的认可。展示成果为教师提供了反思和评估教学效果的机会，也为学生提供了展示自己学习成果的舞台。通过有效的成果展示，能够激励学生继续努力，同时促进教学方法和理念的不断改进。探讨教学成果展示的形式与渠道、成果展示中教学亮点的呈现以及展示活动对教学改进的促进作用，有助于提高教学效果，并推动教育创新。

（一）教学成果展示的形式与渠道

教学成果展示有多种形式和渠道，可以通过多种方式呈现教学过程中的成效。传统的成果展示形式包括学生作品展示、课堂演示、学术论文发表等，这些形式能够清晰地展示学生的学习成果和教学活动的效果。每种形式都有其独特的表达方式和适用场景，教师可以根据教学目标和学生特点，选择合适的展示方式，以便全面展现教学成果。

除了传统形式，现代技术的发展为成果展示提供了更多创新的渠道。通过数字化平台、在线教育工具和社交媒体，教学成果能够被更广泛地传播。学生可以通过网络平台展示自己的学习成果，教师也可以利用电子教材、视频教学等形式展示课堂成果。这样的展示方式不仅能够让学生和教师更方便地分享成果，还能增强展示的互动性，激发学生的学习热情。

成果展示的形式和渠道应考虑到参与者的多样性与需求。对于学生而言，展示成果的形式不仅需要丰富多样，还要具有一定的可操作性，确保每位学生都能够充分表达自己的学习成果。教师则需要在选择展示形式时，考虑如何有效地利用可用的教学资源和平台，确保展示活动的顺利进行，最终达成教学和学习的双重目标。

（二）成果展示中教学亮点的呈现

在成果展示中，教学亮点的呈现起着至关重要的作用。教学亮点是指那些在教学过程中取得突破性进展的部分，这些亮点体现了教学方法的创新和学生学习的成果。通过对教学亮点的呈现，教师能够凸显自己在教学中的独特贡献，并为其他教师提供可借鉴的成功经验。教学中某一创新活动的设计、某一教学策略的成功应用或某一学生群体的显著进步，都可以成为展示的亮点，帮助学生和教师展示自己在教学实践中的成功。

展示教学亮点不仅仅是对成果的表彰，更是对教学过程中的关键环节的总结。教师通过对教学亮点的总结，可以帮助学生清晰地认识到哪些方面的努力和方法最为有效，鼓励学生继续在这些领域深化学习。亮点的呈现还能够激励学生突破自己的学习瓶颈，尝试新的学习方法。教师通过这种方式不仅总结了教学成果，还促进了学生对学习的兴趣和热情。

在成果展示中，亮点的呈现也应考虑到多样化的评价标准。亮点不应仅仅局限于学术成绩或考试成绩，还可以包括学生的创造性思维、团队协作能力以及解决实际问题的能力等方面。通过展示多元化的教学亮点，可以全面反映教学的成功，促进学生全面发展，避免将教学成果局限于单一维度。

（三）展示活动对教学改进的促进作用

展示活动是对教学成果的总结，更是教学改进的重要推动力。通过展示教学成果，教师能够对自己的教学方法和策略进行全面反思。展示活动通常会带来学生、家长及教育同行的反馈，这些反馈能够帮助教师识别教学中的优缺点。教师通过对展示活动的总结，能够发现自身教学中的不足，并根据反馈调整教学策略，持续改进教学质量。

展示活动能够激发教师和学生的参与热情，进而促进教学方法的创新。教师通过展示自己的教学成果和创新实践，不仅能够获得同行的认可，还能够与其他教师分享经验和想法。这种互动和经验交流为教师提供了新的思路和方法，有助于教学理念的革新和改进。展示活动使得教师能够从更广泛的视角审视教学内容和方法，为下一步的教学调整提供了灵感和方向。

展示活动对于学生学习动力的提升也具有重要作用。在展示成果的过程中，学生不仅有机会展示自己的学术成果，还能够获得教师和同伴的认同。这种积极的反馈激励学生继续努力，提高学习信心和动力。展示活动使学生看到自己的成长和进步，增强了对学习的兴趣和投入，进一步推动了教学的持续改进和发展。

三、成效评估的报告

成效评估报告是对教学活动和成果进行总结和分析的重要文件。它不仅帮助教师、学校和教育管理者深入了解教学效果，还能够为未来的教学改进提供依据。撰写一份高质量的评估报告需要系统地分析教学目标的实现情况，结合数据支持和案例分析，形成具体的结论与建议。探讨成效评估报告的结构与内容、报告撰写中的数据支持与案例分析以及报告在教学管理中的应用，有助于提升教育决策的科学性和教学管理的效率。

（一）成效评估报告的结构与内容

成效评估报告的结构应清晰且具有逻辑性，以确保所有关键信息得以呈现。评估报告应包括引言、方法、结果、讨论和结论几个部分。在引言部分，报告应明确评估的目的、范围及背景，为报告的内容提供背景信息。方法部分则应详细描述评估过程中采用的研究设计、数据收集方式和分析方法，以便读者理解评估过程的透明性和科学性。

报告的核心内容通常是结果分析。在这一部分，报告应详细阐述评估的具体发现，分析学生成绩、参与度、反馈以及其他相关数据。在结果分析的基础上，教师应进一步探讨教学活动的有效性，指出哪些方面达到了预期目标，哪些方面存在改进的空间。报告还应结合实际案例分析，展示教学改进措施的应用效果，确保评估结果更加生动和具体。

结论部分应总结评估结果，提出切实可行的改进建议。评估报告不仅是教学效果的回顾，也是下一步教学改进的指南。报告中的建议应有针对性，能够直接指导未来的教学活动和决策。通过总结教学中的亮点和不足，评估报告为教育实践提供了清晰的方向，有助于提高教育质量和学生学习成效。

（二）报告撰写中的数据支持与案例分析

数据支持在成效评估报告中具有重要作用，它为评估结论提供了可靠的依据。数据的准确性和代表性直接影响到评估报告的质量。在撰写报告时，教师应依据收集到的学生成绩、课堂表现、参与情况等数据进行详细分析。教师可以通过学生期中期末成绩的对比，分析教学策略和方法的有效性，量化教学成果。这些数据不仅能够验证评估假设，还能够直观地呈现学生在不同阶段的学习变化。

除了数据支持，案例分析也是成效评估报告中的重要组成部分。通过分析具体的教学案例，教师可以更加生动地阐述教学策略的应用效果。在某一教学改进方案实施后，教师可以通过一个或多个成功的课堂案例，展示如何通过改变教学方法或引入新技术手段提升学生的学习兴趣和成绩。案例分析为评估结果增添了实际背景，使得报告的结论更加有说服力和参考价值。

数据和案例分析相辅相成，共同构成了评估报告的支撑。数据提供了客观、量化的评估结果，而案例则提供了具体实施过程中的经验和教训。两者结合，能够使评估报告更加全面、深入。教师应通过结合实际数据和教学案例，提供具体的改进措施和策略，以确保报告中的建议切实可行，能够为教学实践提供有力支持。

（三）报告在教学管理中的应用

成效评估报告的应用不仅限于教师个人的反思和改进，还对教学管理具有重要的指导作用。学校和教育管理者可以通过评估报告，了解教学活动的实际效果，为教学决策提供科学依据。学校可以根据报告中的结果，调整教学内容、优化课程设置或为教师提供必要的培训和支持。评估报告能够帮助教育管理者判断哪些教学策略是有效的，哪些需要进一步改进或调整，从而推动教学质量的整体提升。

评估报告在教学管理中的应用还体现在对教学资源的合理配置上。学校可以依据评估报告的建议，对教学资源进行优化和调整。如果报告显示某一课程的教学效果不理想，学校可以重新评估该课程的教学方法和教材资源，或者为教师提供更多的教学支持和培训。这种基于数据的决策方式能够有效避免教学资源的浪费，提高资源配置的效率和效果。

成效评估报告还能够为教育政策的制定提供依据。教育主管部门可以通过对多份评估报告的汇总分析，发现教育改革的成效，评估政策实施的效果，并据此调整或出台新的教育政策。报告在教学管理中的作用不仅仅体现在局部的教学改进，还推动了教育体系整体改革的深化，为教育的可持续发展奠定了基础。

四、激励机制的设立

激励机制在教育体系中扮演着至关重要的角色。其核心在于通过各种激励措施调动教师和学生的积极性，从而推动教学质量的提升。一个完善的激励机制不仅能够激发教师的教学热情，仅能帮助学生保持学习动力，最终提升学习效果。探讨教学改进与评估中的激励方法、激励机制对教师积极性的影响以及学生成效与激励措施的结合，可以为激励机制的设计和实施提供有力支持，进而实现教育目标的提升。

（一）教学改进与评估中的激励方法

在教学改进和评估过程中，激励方法的设立对于推动教学效果的提升至关重要。教学改进通常需要教师在教学方法、内容和评估方式等方面进行创新和调整，激励机制在这一过程中起到了鼓励教师积极尝试的作用。为了鼓励教师持续改进，学校和教育机构可以设立奖励制度，如设立“优秀教师奖”或提供专业发展机会，激励教师在教学过程中持续努力，探索新的教学方法和策略。这些激励措施能够激发教师的主动性，使他们不断反思并改进自己的教学实践。

评估作为教学改进的重要环节，同样需要有效的激励措施来提高其效果。在评估过程中，教师可以依据学生的反馈、考试成绩等数据进行反思和调整。为了鼓励教师关注学生的反馈并不断优化教学内容和方式，可以设置“反馈改进奖”等奖励措施。通过为教师提供这种外部激励，能够促使他们更积极地参与到评估和改进过程中，从而提高整个教育过程的质量。激励措施不仅让教师看到努力的成果，还能够为他们提供继续发展的动力。

学校还可以通过集体激励机制增强教师之间的合作与共享。教师在集体中相互学习、互相支持，可以促进教研活动的深入开展。通过集体奖励或荣誉的设立，鼓励教师之间的合作与经验交流，有助于提升整体教学水平。集体激励能够让教师感受到团队的力量，进而增强参与改进教学的主动性和责任感。

（二）激励机制对教师积极性的影响

激励机制在教师积极性提升方面发挥着直接的作用。当教师感受到来自学校、学生或同行的认可与奖励时，往往能够激发其更加投入的教学热情。激励机制不仅仅局限于物质奖励，更重要的是精神层面的鼓励和激励。教师获得的教学荣誉、公开课展示机会或专业发展培训机会，都能够增强其职业认同感和自豪感，从而激励更好地投入教学改进和创新中。

有效的激励机制还能够缓解教师在教学中的压力与倦怠感。教师在面临繁重教学任务和压力时，若能够获得及时的肯定与鼓励，往往能保持更高的工作积极性和创造力。通过设立灵活的激励手段，如绩效考核、教学反馈奖励等，可以帮助教师及时发现自己在教学过程中的亮点和不足，从而增强自信并激发其持续改进的动力。

激励机制对教师自我提升的推动作用不可忽视。教师在教学过程中不断追求更高水平的教学效果和学生成效，而激励机制提供了持续改进的动力。通过建立科学的激励标准，教师不仅能够获得即时的奖励和认可，还能够获得长期的职业发展机会。激励机制使教师不仅专注于眼前的教学任务，还能在不断追求教学创新和专业成长的过程中，增强对教育事业的投入感和责任感。

（三）学生成效与激励措施的结合

激励措施不仅能够激发教师的积极性，还能够直接影响学生的学习成效。学生的学习动力和参与度与教师的激励措施紧密相关。教师通过激励学生在学习中更加投入，能够帮助提升学习成效。激励措施可以是多种多样的，包括对学生学业成绩的奖励、课堂参与的表扬，或者是通过设定学习目标和挑战来激励学生提高自我要求。这些措施能够激发学生的学习兴趣和内在动力，帮助在学习过程中克服困难，提升学业成绩。

激励措施的设计应结合学生的个体差异和需求，确保每个学生都能在适合自己的方式下获得激励。对于学习成绩较差的学生，可以通过设置阶段性的小目标和即时奖励，帮助逐步提升自信心，并保持学习的持续性。对于成绩优秀的学生，可以通过设立更高的挑战目标和荣誉奖项，鼓励在学术上不断进步。这种个性化的激励策略不仅能够提升学生的整体学习水平，还能够增强学生的自主学习能力和长期学习动力。

激励措施能够促进学生学习效果的持续提高。通过与学生成效相结合的激励机制，教师能够及时看到学生学习的变化和进步，并对激励策略进行调整。学生在不断获得激励的过程中，不仅增强了学习的信心，还提升了其学习的主动性和创造力，从而使得整个教学过程更加高效和富有成效。

结　语

本书深入探讨了教育评估在教学改进中的重要作用，结合最新的教育政策，系统分析了教育评估如何在实践中推动教学质量的提升。随着教育改革的不断深入，评估作为教育质量保障的重要手段，逐渐成为教育改进和创新的核心驱动力。评估的目的是通过科学的数据和反馈机制，为教师提供教学改进的依据，帮助学生在学习过程中不断进步。结合国家政策和教育趋势，本书提出了一系列教学评估策略，旨在为教育工作者提供更为全面、系统的理论支持和实践指导。

教育评估在教学中的作用早已不局限于对学生的简单评价，随着教育方式的逐步创新，评估已成为一个多层次、多维度的动态过程。国家近年来推出的教育政策，如《“十四五”教育数字化发展规划》，明确提出教育改革的方向，特别是在数字化、信息化、个性化等方面，教育评估的方法和工具不断创新。特别是教师与学生的互动反馈机制，已经成为评估实施中不可或缺的一部分。通过及时有效的反馈，教师可以调整教学策略，学生可以在不断反馈中发现自身的不足，并通过个性化学习进一步提升学习效果。

在教学改进中，评估不仅仅关注学生的学习成果，更注重过程中的反馈和反思。传统的评估方式往往局限于成绩和考试，现代的教育评估体系已经扩展到对学生能力、态度和综合素质的全面评估。这种转变要求教师不仅仅关注学术知识的传授，更应注重学生的思维训练、学习兴趣的培养以及社会适应能力的提升。评估的多元化使得教学过程更加贴近学生的实际需求，能够实时调整教学内容和方法，确保每个学生在不同的学习阶段都能得到充分的关注和支持。

基于数据的教学改进建议逐渐成为提升教学质量的重要工具。评估不仅是对教学成果的总结，还是推动教师不断反思和改进的动力。通过对评估数据的分析，教师能够清晰地识别教学中的薄弱环节，从而改进教学策略和教学方法。通过对学生的课堂表现、作业完成情况及其反馈的综合分析，教师可以识别出哪些教学方式更符合学生的需求，哪些方法存在不足，并根据分析结果做出调整。这种基于数据的决策方式，能够使教学改进更加有针对性和科学性，从而提升整体教学效果。

教学评估还具有促进教师自我发展的作用。教师在实施评估时，既需要解读学生的成绩和表现，又需要从中提取反思教学的启示。教学评估为教师提供了一个不断自我审视和进步的平台，通过评估结果，教师可以找到教学中的亮点和不足，进而优化教学内容和方法。教师的专业发展与教学评估密不可分，良好的评估机制能帮助教师保持教育热情，增强教学的有效性。

学生的参与是教学评估的关键因素。学生不仅是教育过程的接受者，还应是评估反馈的积极参与者。学生对教学的反馈能够帮助教师改进教学方法，激发学生自身的学习动力和自我反思能力。教育评估的最终目的是为学生的成长服务，如何根据评估结果进行精准的教学调整，使得每个学生都能在适合自己的节奏中取得最佳的学习成效，是当前教育改革的核心目标之一。

结合国家的教育政策，本书提出的评估策略，不仅关注学术成绩的评定，还应全面考虑学生的综合能力和未来发展。这种多层次的评估体系适应了当前教育改革的需求，推动了教育方式的多样化、个性化发展。随着数字化、信息化技术的不断发展，教育评估的工具和手段将不断创新，进一步提升教育质量。教师和学生的共同参与，将推动教育评估体系的完善，使其更好地为教育改进和创新服务。本书为教育工作者提供了系统的教学评估理论和实践指导，既关注当前教育发展的政策背景，又提供了实用的教学改进策略。通过全面、科学的教学评估，可以有效提升教学质量，促进教育公平，推动教育现代化进程。在教育改革不断深入的背景下，教学评估的作用愈加重要，为实现教育目标和国家教育战略提供了强有力的支持。

参考文献

[1] 朱丽华. 中职语文表现性评价策略 [J]. 语文世界, 2024, (33): 76-77.

[2] 刘锦屏. 工匠精神融入中职语文教学的策略 [J]. 学周刊, 2024, (33): 20-22.

[3] 张品惠. 中华优秀传统文化在中职语文教学中的融入路径探索 [J]. 知识文库, 2024, 40 (20): 9-12.

[4] 姜子娴. 中职语文教学中写作能力培养的有效策略 [J]. 知识文库, 2024, 40 (20): 13-16.

[5] 杨德昌. 中职语文课堂中整本书阅读教学开展策略探究 [J]. 学周刊, 2024, (33): 17-19.

[6] 田燕. 项目教学法在中职语文教学中的应用研究 [J]. 学周刊, 2024, (33): 26-28.

[7] 周冠祥. 数字化背景下中职语文阅读教学反思性行动研究 [J]. 中国现代教育装备, 2024, (20): 63-65.

[8] 王静怡. "双创" 背景下课程思政在中职语文教学的应用研究 [J]. 甘肃教育研究, 2024, (17): 111-113.

[9] 叶霞. 中职语文教学提升学生职业素养的有效措施 [J]. 学周刊, 2024, (32): 16-18.

[10] 齐春霞. 网络教育平台在中职语文教学中的应用 [J]. 中国新通信, 2024, 26 (20): 176-178.

[11] 田鸿. 中职语文教学与中华优秀传统文化有机融合策略探析——以《孔雀东南飞》为例 [J]. 国家通用语言文字教学与研究, 2024, (10): 108-110.

[12] 彭丽航. 浅谈情境教学法在中职语文基础模块教学中的应用对策 [J]. 国家通用语言文字教学与研究, 2024, (10): 99-101.

[13] 韩圆圆. 基于核心素养的中职语文读写结合教学策略初探［J］. 国家通用语言文字教学与研究，2024，(10)：102–104.

[14] 池海燕. 新课标背景下中职语文课堂渗透劳动教育策略探赜［J］. 成才之路，2024，(29)：85–88.

[15] 孙贻峰. 多维互动教学模式在中职语文教学中的应用研究［J］. 知识文库，2024，40（19）：33–36.

[16] Allen F , Davies B . Vocational options：the impact of a vocational context on teaching and learning modern foreign languages at Key Stage 4［J］. Language Learning Journal，2009，37（1）：51–70.

[17] 夏娇. 基于核心素养培育的中职语文信息化教学策略［J］. 湖南教育（C版），2024，(10)：71–72.

[18] 梅学敏. 中职语文教学中人文素养培育初探［J］. 贵州教育，2024，(10)：36–38.

[19] 林秋英. 教育信息化背景下中职语文教学中传承优秀传统文化的策略探究［J］. 中华活页文选（传统文化教学与研究），2024，(10)：16–18.

[20] 胡冬梅. 新时代背景下中职语文教学融入文化自信的教学思考［J］. 天南，2024，(05)：188–190.

[21] Marion G . Language usage in the field of health care［J］. Language and Dialogue，2024，14（3）：392–402.

[22] Pengfei W , Yang M , Duoduo Y . The Main Contents of the French Vocational Language Planning and Its Reference for the Implementation of the "Chinese + Vocational Skills" Education System［J］. Studies in Literature and Language，2024，28（3）：42–46.

[23] 屈斌娟. 中职语文传统文化教育策略探究［J］. 试题与研究，2024，(29)：135–137.

[24] 冯志刚. 核心素养视野下中职语文教学多元评价策略探索［J］. 课外语文，2019，(03)：170+172.

[25] 刘嘉铭. 简论中职语文古代文学作品教学的文化育人维度［J］. 职业，2022

（22）：91-93.

［26］王敏. 中职语文教学中学生工匠精神培养的实证研究［D］. 广东技术师范大学，2023.

［27］刘蓓. 新课标背景下中职语文体验式“诗教”模式构建——以工艺美术专业为例［J］. 江苏教育（职业教育版），2022（9）：71-75.

［28］梅娜. 信息化背景下中职语文散文教学新策略——以动漫游戏专业为例［J］. 广东教育：职教，2023（3）：113-115.

［29］Carolina A，J. P M. The role of English language in the field of agriculture：A needs analysis［J］. English for Specific Purposes，2022，6595-106.

［30］Lina X. Challenges and Resilience-Building：A Narrative Inquiry Study on a Mid-Career Chinese EFL Teacher［J］. Frontiers in Psychology，2021，12758925-758925.

［31］刘奕. 中职语文教材编制研究——以湖南现行高教版教材为例［D］. 湖南农业大学，2022.

［32］吴素容. 基于文化自信培养的中职语文教学策略［J］. 新课程研究，2023（32）：76-79.